美业营销

美容院系统化营销实战指南

李东 ◎ 著

Beauty

Industry

Marketing

中国财富出版社有限公司

图书在版编目（CIP）数据

美业营销：美容院系统化营销实战指南／李东著. —北京：中国财富出版社有限公司，2025.6

ISBN 978－7－5047－8130－7

Ⅰ. ①美… Ⅱ. ①李… Ⅲ. ①美容院—经营管理—指南 Ⅳ. ①F719.9－62

中国国家版本馆 CIP 数据核字（2024）第 048739 号

策划编辑	郑晓雯		**责任编辑**	梁 凡	**版权编辑**	武 玥
责任印制	尚立业		**责任校对**	庞冰心	**责任发行**	董 倩

出版发行	中国财富出版社有限公司			
社 址	北京市丰台区南四环西路 188 号 5 区 20 楼		**邮政编码**	100070
电 话	010－52227588 转 2098（发行部）	010－52227588 转 321（总编室）		
	010－52227566（24 小时读者服务）	010－52227588 转 305（质检部）		
网 址	http://www.cfpress.com.cn	**排 版**	宝蕾元	
经 销	新华书店	**印 刷**	宝蕾元仁浩（天津）印刷有限公司	
书 号	ISBN 978－7－5047－8130－7/F·3813			
开 本	710mm×1000mm 1/16	**版 次**	2025 年 6 月第 1 版	
印 张	14.25	**印 次**	2025 年 6 月第 1 次印刷	
字 数	197 千字	**定 价**	65.00 元	

目录
CONTENTS

目 录
CONTENTS

第四章

美容院系统化营销的 16 种工具

目 录
CONTENTS

第五章
美容院系统化营销的五大支柱

附录
李东老师答网友问

01

美容行业发展现状及美容院发展趋势

无论是想进入美容行业开店，还是正在经营美容院的人，都需要对美容行业的发展现状和美容院发展趋势有一个相对全面、深入的了解，这有助于从宏观上把握发展方向，拓宽视野，从而在经营过程中顺势而为，少走弯路。

01

当今美容行业八大现状：优胜劣汰、"危"中有"机"

SECTION

随着中国经济发展进入新常态，自2018年以来，中国美容行业发生了巨大的变化。2020年、2021年、2022年三年的新冠疫情防控期，又给变化中的中国美容行业增加了更多的不确定因素。用当下的眼光来看，过去几年所发生的一些变化，其实都是在不断淘汰、纠正不正确的发展方向和不健康的发展方式，推动行业回归理性、科学、高质量的发展轨道。总结起来，中国美容行业过去五年的发展变化集中体现在以下八个方面。

■ 顶级大店被"腰斩"

在全球经济持续下行的大潮中，美容行业中的顶级大店率先受到强烈冲击。顶级大店就是营业面积在数千平方米，涵盖了生活美容、中医美容、医学美容三大美容板块的超大型综合性美容院。这类美容院的特点是装修高端、设施完善、员工众多，这也意味着其硬性投资数额较大、人工成本居高不下。当然，在高端消费旺盛时期，这种美容院的收益也令人羡慕，一家店的年营业额可达上亿元，甚至相当于许多工厂的效益。

然而，一旦高消费群体锐减，高客单价不复存在，高额成本失去支撑，这种顶级大店就会直接陷入严重的亏损状态，难以维持生存。所以，近几年来，全国的美容院顶级大店有许多被"腰斩"。

~~~~~~
💡 **机会分析**
~~~~~~

顶级大店的规模"腰斩",为"小而精""小而美"的美容院创造了发展空间。实践证明,营业面积在150~300平方米的美容院盈利能力最强。

■ 生活美容彻底边缘化

生活美容、中医美容、医学美容是美容行业的三大板块。二十年前,生活美容盛极一时,占据绝对的主体地位,从最初的面部护理到后来的全身护理,繁荣一时。然而,十年前,随着社会节奏的加快,"快餐美容"越来越受到青睐,医学美容开始普及,大健康项目也在美容院逐渐兴起,生活美容的主体地位受到了强烈的挤压。五年前,医美机构已经遍地开花,分布在大城市的大街小巷,在地市、县城、乡镇也都屡见不鲜。中医美容也如雨后春笋般蓬勃发展。同时,以轻医学美容为主的皮肤管理店随处可见,生活美容被彻底边缘化。

~~~~~~
💡 **机会分析**
~~~~~~

生活美容被彻底边缘化实际上是一种信号,是在提示美容院需要优化其品项结构。目前,通过科技力量优化品项结构后,结果表明:科技赋能既促进了产品和服务的创新,也大大降低了产品成本和服务成本。

■ 模式营销"寿终正寝"

美容行业的蓬勃发展和美容行业营销的活跃度极高,也带动了相关行业的发展,如咨询服务业。因此,在美容行业较早出现了专业为其服务的咨询公司,并且在不断细分,如专业的策划公司、拓客公司、管理公司、培训公司，以及模式公司。模式公司正是应运而生的一种营销服务公司。所谓模式营销，在美容行业就是由专业的营销公司策划出来的一种营销方案，然后推广到全国各地美容院。在广州，曾经有两家模式公司将同一种营销方案推广到3000多家美容院。如"评选美丽天使""美容文化节""女王驾到""自动取款机""0元乐购""拍拍秀""魔鬼拓客团"等，都是当年市场上出现的五花八门的模式营销。

2017年后，随着医学美容、大健康项目的普及和移动互联网的迅速发展，模式营销越来越少见，最终淡出了历史舞台。

〰️〰️〰️〰️〰️〰️ 🔅 **机会分析** 〰️〰️〰️〰️〰️〰️

模式营销落幕对整个行业来说是好事，它将美容行业从偏离本质的轨道重新拉回了健康发展的轨道。美容院不用每天费尽心思策划促销活动，顾客也不用再担心被过度营销困扰。

■ 大项目利润大幅缩水

在美容院里，大项目指的是客单价比较高的项目，如医美整形、运用仪器设备达到高科技抗衰（使用仪器设备服务）、私密护理、眉眼唇私人订制、干细胞治疗和血液净化等项目。涉及医疗属性的项目基本都是合作项目，不在美容院内操作，而是将顾客带到相应的理疗机构。大项目的单价基本在几千元及以上，客单价可以达到数万元，甚至数十万元、数百万元。

但是，近年来由于市场竞争加剧、消费降级、高端群体锐减和科技的进步等综合因素的影响，大项目的单价与客单价一直在下降。例如，超声刀和水光针，原来单价平均在5000元以上，如今平均不到1000元，甚至在网络团购平台上低至不到500元。原本的大项目，如今因"内卷"而沦为"白菜价"销售。

🔆 机会分析

"君子爱财，取之有道"。所有暴利的行业最终都会走向平民化，这正是高质量发展的本质。房地产是如此，美容行业也是如此。美容院大项目利润的缩水是一种良性回归，反而会提高大项目的普及率。过去大项目利润高但普及率低，现在普及率高了，整体来说业绩会比以往增加。

■ 美容师有断代风险

美容行业的基层从业人员就是分布在全国各地美容院的美容师。美容师是创造美、传播美的使者。之前的美容师主要从事生活美容，他们不仅要学习美容专业知识，还要学习操作手法，所以培训周期较长。近年来，随着医学美容的兴起，越来越多的美容师转而从事医学美容销售工作。一部分从业者则选择成为主播。当下很多美容院的新美容师较为少见，美容师确实面临断代的风险。

🔆 机会分析

这种断代风险不仅存在于美容院，在制造业和工程行业也普遍存在。这是时代发展变化的结果，年轻人都越来越不愿意从事重体力、重手工的工作。对美容院来说，这为轻手工项目提供了重要机遇，近年来以仪器为主的操作项目越来越丰富，这反而会降低人工成本。

■ 三年疫情防控期关门一年

2020年，新冠疫情突然暴发，作为服务场所的美容院因为疫情防控频繁关门歇业。据不完全统计，2020—2022年，美容院最长关门歇业时间超过一年。这对美容院意味着什么？意味着在三年时间里，损失了一年的营业额，但这一年的费用成本依然存在。最重要的是疫情防控改变了顾客的诸多美容消费习惯，顾客不再像以前那样频繁进店，消费更加谨慎，注重节约……这让美容院难以适应，导致2023年行业整体未能恢复到疫情暴发前的水平。

机会分析

疫情防控虽然对美容院造成了前所未有的冲击，但也带来了积极的变化：人们更加注重健康，促进了美容院健康调理类项目的普及；人们更加珍惜生活，更加注重美容享受，对品质要求更高，同时希望价格更加合理。

■ 连锁扩张暂时止步

美容连锁曾经是美容行业一道独特的风景线。从最早的特许连锁开始，涌现出了一大批连锁品牌，如琪雅、特莱维、自然美、克丽缇娜、名角、涵美、唯美度、奥瑞拉、佐登妮丝、百莲凯、京都薇薇、挺乃儿等。后来以店起家发展起来的连锁品牌如马萨、芳子、女王、静博士等也在各地崭露头角，许多城市也发展出一些本地连锁品牌。如今，有的连锁品牌已经消失，有的举步维艰，有的在收缩战线。即便是美丽田园、思妍丽等一些高端连锁品牌，最近两年也放慢了扩张的脚步。

机会分析

未来美容院的发展趋势必然是连锁经营。连锁巨头暂停扩张，实际上打破了美容连锁市场的垄断格局，这正是单店发展成连锁店的重要机会。

■ 2023年爆发关店潮

2022年年底，长达三年的疫情防控终于宣布结束，很多人期待2023年经济复苏，行业迎来井喷式发展。然而，很多行业尤其是美容行业并没有出现所谓的快速复苏和井喷式发展，众多美容院的运营甚至比疫情防控期间更艰难。2023年，美容行业经历了"过山车"式变化：上半年出现开店潮，下半年则迎来关店潮。

机会分析

2023年的关店潮在情理之中，这进一步证实了高质量发展是大势所趋，也表明美容行业已经不可能回到野蛮发展的时代。再想抱着投机心理进入美容行业是行不通的，而是需要脚踏实地、用心经营。

综上所述，美容行业最近五年的经历表明，美容经济在经历优胜劣汰后，正逐渐走向良性的发展道路，美容院需要更多的经营智慧。

02

美容院未来发展趋势：美容院的明天往哪儿走

SECTION

从经营的角度进行分析，自改革开放以来，美容院的发展大致经历了三个阶段，可以形象地将其分别比喻为散打、套路、功夫。

■ 第一阶段：散打

改革开放后到2005年左右，美容院发展处于散打阶段，也就是野蛮生长的阶段。所谓散打，就是单打独斗。这一阶段的主要特点包括：

（1）服务项目单一。美容院以面部护理为主，身体护理尚未普及。

（2）硬件环境简陋。很多店铺是一通间，摆几张美容床，大部分美容院都没有单人间、双人间，淋浴、泡浴比较少见，无增值服务。

（3）美容师以"70后""80后"为主。在那个时期，选择做美容师的女性大多家庭经济条件困难，受教育程度较低（小学或初中毕业的较多，高中毕业的很少见）。

（4）销售依赖老板。在这个阶段，美容院的销售业绩主要依赖老板本人，老板销售能力强，销售业绩就好；老板销售能力弱，销售业绩就差。

■ 第二阶段：套路

2006—2017年，美容院经营全面进入套路阶段。套路在这里的意思就是模式营销，所以这一阶段也是模式营销盛行的时期。套路阶段的主要特点是集中销售，即通过某种模式营销，将顾客未来一段时间的消费集中在一次成交，这种做法属于过度营销。短期内，美容院的销售业绩非常可观，但是在接下来几个月甚至更长时间，业绩可能会大幅下降。这就是模式营销的后遗症。

■ 第三阶段：功夫

2018—2023年是套路阶段向功夫阶段的过渡时期。在这个时期，美容行业经历了重重挑战：顶级大店被"腰斩"、生活美容被边缘化、模式营销寿终正寝、大项目利润大幅缩水、从业人员有断代风险、三年疫情防控关门一年、连锁扩张暂时止步、2023年爆发关店潮。从这几年的挑战中不难发现：只有"内功强大"的美容院才能生存与发展。这也意味着，美容院开始进入功夫阶段。

毋庸置疑，2024年标志着美容院功夫阶段的开始，顺应了中国经济高质量发展的大趋势。系统化营销和精细化管理是功夫阶段对美容院的核心要求。

全国现有的美容院经营者以及即将进入美容行业的创业者，需要做好充分的准备，从系统化营销开始练真功夫，踏上高质量发展的道路。

02

什么是系统化营销

系统化营销既是美容院的营销发展趋势，又是中国经济高质量发展时代美容院的标配。在这样的时代背景下，十分有必要对美容院系统化营销展开详细的探讨。

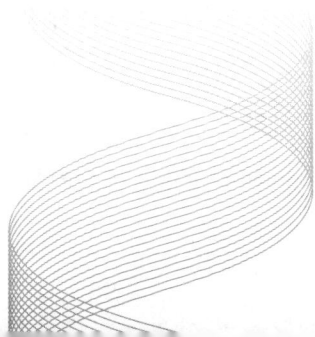

01

系统化营销的原理：科学思维与中国智慧的融合

系统一词源于英文system的音译，它指若干部分相互联系、相互作用而形成的具有某些功能的整体。

中国著名学者钱学森认为：系统是由相互作用、相互依赖的若干组成部分结合而成的，是具有特定功能的有机整体，并且这个有机整体还是它从属的更大系统的组成部分。

从这个定义来分析，系统具有以下三大特征。

第一大特征：系统是由很多部分组成的。单一的个体或者两三个个体算不上系统。就像计算机一样，它有主板、硬盘、内存、显卡、显示器等硬件系统，有Word、Excel、Photoshop、杀毒软件、输入法等软件系统，还有操作系统。

第二大特征：系统的结构具有关联性。系统是其构成要素的集合，这些要素相互关联。系统内部各要素之间相对稳定的联系方式、组织秩序及相互关系的内在表现形式，就是系统的结构。例如，钟表是由齿轮、发条、指针等零部件按一定的方式装配而成的，但一堆齿轮、发条、指针随意堆叠在一起，不能构成钟表；人体由各个器官组成，但各器官简单拼凑在一起不能组成一个有生理功能的人。

第三大特征：系统有一定的功能，或者说系统要有一定的目的性。系统的功能是指系统与外部环境相互联系和相互作用中表现出来的性质、功能。例如，信息系统的功能是收集、传递、储存、加工、维护和使用信息，帮助决策者进行决策，帮助企业实现目标。

与此同时，我们还要从以下几个方面对系统进行理解：①系统由要素组成，要素处于运动之中；②要素间存在着联系；③系统整体各要素相互作用所产生的效果大于各要素单独作用效果的和，也就是常说的"1+1>2"；④系统的状态是可以转换、可以控制的。

本书所讲述的系统化属于思维层面，即系统化思维，它能把复杂事物或问题按照一定规律和逻辑组织成一个完整系统，从而更有效地理解和处理问题。这种思维方式有助于个人或团队更好地规划和管理工作，提高效率和质量。

人体由消化系统、神经系统、内分泌系统、生殖系统等协作完成正常的生命活动。这些系统就是系统化思维的最好诠释。

其实，在中国的优秀传统文化中，很早就有我们所说的系统化思维的故事。

- 故事一：揠苗助长

宋人有闵其苗之不长而揠之者，芒芒然归，谓其人曰："今日病矣！予助苗长矣！"其子趋而往视之，苗则槁矣。天下之不助苗长者寡矣。以为无益而舍之者，不耘苗者也；助之长者，揠苗者也。非徒无益，而又害之。（出自《孟子·公孙丑上》）

- 故事二：刻舟求剑

楚人有涉江者，其剑自舟中坠于水。遽契其舟，曰："是吾剑之所从坠。"舟止，从其所契者入水求之。舟已行矣，而剑不行。求剑若此，不亦惑乎？（出自《吕氏春秋·察今》）

- 故事三：盲人摸象

触其牙者，即言象形如莱菔根；触其耳者，言象如箕；触其头者，言象如石；触其鼻者，言象如杵；触其脚者，言象如木臼；触其脊者，言

象如床；触其腹者，言象如瓮；触其尾者，言象如绳。（出自《大般涅槃经》）

以上三则故事所蕴含的哲理，已经体现了系统化思维的某些特点。"揠苗助长"反映了只关注事物的表象而忽视其本质，最终违背事物发展规律的行为；"刻舟求剑"体现了习惯性思维的局限性，忽视了事物的动态变化；"盲人摸象"则揭示了以偏概全、片面认知的弊端，无法全面认识事物的本质。

类似"揠苗助长""刻舟求剑""盲人摸象"的做法，在当今的美容院营销中依然普遍存在。例如，"打鸡血"式的激励、花里胡哨的模式营销、不以留客为目的的拓客等。没有客源就找拓客公司、没有业绩就找模式公司、员工没能力就找培训公司等做法就是缺乏系统化思维，一味依赖外部力量，而不用心提高服务品质，不在乎顾客口碑，这正是许多美容院始终无法摆脱经营困境的原因。

02

美容院系统化营销四要素：策略、方法、工具、执行

—————————————— SECTION

　　美容院系统化营销包含四大要素：策略、方法、工具、执行。这四大要素缺一不可。策略是系统化营销的思想与灵魂，好比人体的大脑，主导着整个系统化营销的过程。方法与工具都是系统化营销的手段，是比较具象的内容，就像人体的四肢与五官。没有方法与工具，再好的策略都将成为空中楼阁。执行是具体的操作行为，是将策略转化为实际成果的关键行动。

　　如果可以用战争来比喻美容院系统化营销的四要素，那么在中国解放战争中，三大战役（辽沈战役、平津战役、淮海战役）如同策略，作战方案以及一些战法如同方法与工具，构筑防御工事、前线指挥、粮食与枪支弹药的保障就相当于执行。

■ 策略

　　这里的策略当然是营销策略，对于美容院而言，营销策略的重要性与很多企业营销策略的重要性等同。本书所述的营销策略，属于系统化营销策略的范畴。笔者根据营销学的基本原理，结合美容行业特性和20多年的一线市场实战营销策划经验，系统性地梳理出18种常用的营销策略，分别是定位营销、视觉营销、新闻营销、造势营销、爆品营销、借势营销、社区营销、扩店营销、老大营销、升级营销、竞争营销、淡季营销、节日营

销、公益营销、隐性营销、时间营销、线上营销、外联营销。在这18种营销策略中，大部分彼此间会存在一定的关联性和融合性，不存在完全孤立的营销策略，只是每一种营销策略各有侧重点。不同类型、不同规模的美容院可以根据自身情况，量力而行，选择最适合的营销策略。所以，美容院无须采用全部18种策略，选择其中一部分充分运用，就足以形成系统化营销效应。

■ 方法

每一种策略该如何实施，都有相应的方法，包括每一种策略的匹配性、应用的场景、实际操作流程以及注意事项等，笔者在后文营销策略的内容中均进行了较为详尽的讲述与分析。

■ 工具

营销工作离不开工具的支持。工具不仅是系统化营销的重要抓手，也是实现营销策略及营销传播的重要载体。笔者根据当下的营销环境，充分考虑了美容院的营销运用场景，结合了美容行业发展趋势，在本书中精心挑选并展示了16种营销工具：直播、视频号、微信公众号、口袋书、LED显示屏、内刊、贵宾体验卡、抽奖箱、手提袋、礼品箱、拓客计划表、便携式展台、便携式音响、十万顾客计划、增值服务、魅力女人讲座。这16种营销工具涵盖了线上线下的运用场景，其中直播、视频号、微信公众号都属于线上工具，其他则主要用于线下；同时，也包括了硬件和软件，其中直播、视频号、微信公众号、口袋书、拓客计划表、十万顾客计划、魅力女人讲座属于软件工具，其他属于硬件工具。

同样的道理，这16种营销工具也是供美容院进行选择的，不可能都用上。每一家美容院都可以结合自身实际情况，量力而行，有选择地使用。

■ 执行

在美容院系统化营销的四大要素中，执行是关键所在。策略再正确，方法再得当，工具再好用，最终谁来实施？怎么实施？这就属于执行层面的问题。能否高效执行，能否执行到位，已经成为策略制胜的关键因素。

美容院要执行系统化营销，需要有一定的基础。这个基础实际上就是系统化营销的基石。笔者根据美容院运营管理的实战经验，总结出了五大支柱：军团文化、数据模型、目标管理、行动计划、会议管理。美容院一旦拥有了这五大支柱，就能游刃有余地有效执行系统化营销。

03

系统化营销五大作用：打造美容院坚不可摧的护城河

———————————— SECTION

讲一件真实的事。

2023年12月，一位来自河南濮阳的美容院朋友向笔者反映自己美容院的经营现状，称截至12月，该美容院的业绩为零。从业十多年来，这是她第一次遇到零业绩的情况，甚至比之前疫情防控期还要艰难。

笔者问为什么。

她回答说："顾客死活不进店，进店了也死活不消费。"

这种情况确实令人感到不可思议。笔者进入美容行业已有二十余年，见过全国各地大大小小各种各样的美容院，甚至遇到过月营业额不足1000元的美容院，但是零业绩的情况还是首次听说。

为了搞清楚事情真相，笔者特意在2024年1月上旬前往濮阳，与这位美容院朋友进行了深入交流。

通过了解发现，这家美容院的经营管理水平较低，存在较强的随意性和盲目性。相比之下，那些经营较好的美容院通常具备完善的组织架构和管理体系，并且在营销方面有全年的整体规划。

在正常的经营中，有无系统化营销，在短期内区别不是很明显；然而，当遭遇整体经济下行、消费疲软的时候，两者的差距便会迅速显现。缺乏系统化营销的美容院脆弱不堪，可能会出现零业绩的情况；而拥有系统化营销的美容院则能够逆势增长，越来越好。笔者曾经辅导河南省三门峡市的一家美容机构，由于其系统完善，在疫情防控期间，其业绩每年都在呈现20%的增长。2022年，该机构找到笔者辅导其转型"美容院＋医馆"的发展模式，截至2023年年底，已在原有基础上又开了3家新店。这正是系统化营销的优势所在。

系统化营销犹如美容院在激烈市场竞争中的护城河，总体来说，它有以下五大作用：

（1）增强美容院的生存能力。在整体经济增速放缓的大环境下，生存成了绝大部分企业的首要任务，美容院也不例外。对于绝大多数的中小美容院来说，生存比什么都重要。稻盛和夫先生曾经提出应对经济萧条的五大策略，即全员参与营销、全力开发新品、彻底削减成本、保持高生产率、构建良好的人际关系。美容院的系统化营销，实际上已经涵盖了这五大策略的内容，能够有效帮助美容院增强生存能力。

（2）提高美容院的竞争能力。在信息越来越发达的当下，单一的竞争优势很快就会消失，复制、模仿和超越的速度极快。比如无论是哪家美容院，都可以通过抖音、美团等平台进行推广。"一招鲜，吃遍天"的时代已经一去不复返。美容院要想保持持续、稳定的竞争优势，必须拥有系统化的竞争力。而系统化营销正是这种系统化竞争力的体现。

（3）有利于保持业绩持续、稳定增长。美容院的业绩在很大程度上依赖营销。系统化营销能够针对不同的顾客群体、聚焦不同的品项、通过不同的营销渠道等，帮助美容院找到业绩增长点，从而避免了传统营销导致的业绩大起大落。

（4）有利于保持美容院员工的稳定性。美容院一直以来的痛点就是招人难、留人难。其实，美容院员工流失的主要原因之一是业绩不稳定。美容院只有业绩好，员工的收入才会高。业绩稳定了，员工的收入自然也会稳定，从而使员工流失率大大降低。

（5）有利于不断提升美容院的知名度与影响力，同时不断积累品牌资产。系统化营销也必然伴随着系统化传播，而系统化传播是立体的、多层面的，能够有效提升美容院的知名度与影响力。通过日复一日、年复一年的持续传播，逐步积累品牌资产，形成真正的品牌价值。

第三章

美容院系统化营销的
18 种策略

当今社会，我们在探讨如何解决问题时，经常会问"你的策略是什么"或者"你准备采取什么策略"。

策略的重要性，可见一斑。

策略是美容院系统化营销的第一要素。有了策略，营销方案就有了灵魂。有了策略，营销行动也更具有主动性。缺乏策略的营销，往往是被动且盲目的。

笔者基于营销学的基本原理，结合美容行业特点和20多年的营销策划实战经验，系统性地梳理出18种常用的营销策略，供美容院结合自身情况参考运用。

01

定位营销：一句顶一万句

2023年9月，笔者在为一家面积约120平方米的美容院进行经营诊断时发现：该店平均月营业额为3万元，最高时可达7万元。进一步了解后得知，店里顾客消费最多的服务项目是1280元10次的肩颈调理这种普通项目，设定的卡项包括月卡、双月卡、季卡、半年卡和年卡。当被问起为什么要这样设定时，店方表示很多顾客觉得年卡价格过高。该店保持经常进店的顾客约有100名，其实单纯从顾客数量说，一家美容院只需服务50名经常进店消费的顾客即可实现盈利。而这家店有100名左右的顾客，为什么业绩这么低呢？

问题的根源在于美容院的定位。

事实上，这家店在核心业务和目标客群方面，已明确锚定大众消费群体，而非专攻追求高端品质的消费群体。在这种情况下，想要实现良好的业绩与盈利是很难的，几乎不可能。

关于定位，很多美容院经营者提出过这样一个疑问：美容院需要定位吗？之所以提出这样的问题，主要是因为他们认为美容院规模较小，只是一间店面，似乎没有必要进行定位。

然而，答案是肯定需要定位。

在市场经济时代，所有的企业都需要明确自身的定位，美容院也不例外。虽然大部分美容院注册为个体工商户，但它们本质上也是企业。就像微信公众平台登录页面的宣传语："再小的个体，也有自己的品牌"。

定位这一概念最早由美国的两位营销专家艾·里斯和杰克·特劳特提出。他们指出，定位营销就是通过发现顾客不同的需求，合理定位，并不断地满足这些需求的过程。其中，定位可以细分为消费者定位、产品定位、价格定位、市场定位等。

对于美容院而言，可以将定位通俗地理解为主要服务哪些消费群体以及主要提供哪些服务项目。目前市场上有各种类型的美容院，如皮肤管理店、美容养生馆、抗衰老会所、SPA馆、专业减肥店、专业祛疤祛斑店等，这些都从一定程度上体现了定位。但是，仅仅是这样，还远远不够。

那么，美容院的定位营销具体该如何操作呢？

■ 美容院的基本定位

以店址为主要因素决定顾客定位

消费者定位，在美容行业就是顾客定位。美容院经营者最常见的顾客定位误区就是闭门造车，自娱自乐。具体来说，就是以自己喜好或主观想象为依据，如"我想给有品位的女性提供服务""我想定位中高端群体"……这些想法往往难以形成真正有效的定位。

为什么呢？

因为在思维逻辑上，美容院经营者是以"我"为出发点，从"我"的角度去思考的，而不是以"顾客"为中心，从"顾客"角度去思考的。这样思考的结果就是店面定位与店面位置附近的顾客群体的需求存在一定的偏差，在实际经营中又不得不去不断满足顾客需求，最终导致美容院没有定位。

所以，一定要以实际的店址所覆盖的顾客群体来作为主要因素思考美容院的定位。美容院开在哪里，这个地方的主要群体是什么样的，根据这些思考什么样的定位与这附近的主要群体相匹配。只有这样才有可能不出现定位偏差。

产品定位不应是美容院的主要考虑方面，因为在产品方面美容院只是一个销售环节，美容院只需要根据自身定位选择相匹配的产品、品牌，设计好店内的品项架构即可。每一种产品的定位，相应的产品公司会给美容院安排专业的培训。

以市场平均价格水平为主要标准思考价格定位

美容院基本上都有项目手册，上面除了产品及服务项目的介绍，还有价目表。价目表里包含单价、疗程价和综合套餐价。在单价上，很多美容院的传统做法就是在产品公司提供的指导价基础上加价30%，再根据相应比例设置疗程价和综合套餐价。

然而，这只是定价，而且是一种不科学的定价方式，更谈不上价格定位。正确的做法是：针对与其他美容院雷同的普通服务项目，如面部补水、肩颈疏通、胸部保养等，要先做市场调研，即调研周边其他美容院的价格，然后算出项目的市场平均价格，本店的项目定价只要不高于市场平均价格即可。

而针对有明显特色的项目，则可以结合本店顾客定位灵活定价。举个例子，卵巢保养项目一般都是使用相应套盒产品，按照操作流程按摩，如果本店的卵巢保养项目除了正常操作流程，还添加了艾灸或使用了仪器，价格就可以适当调高。

以主要消费群体的特点为主要参考标准确定美容院市场定位

美容院的市场定位一定先考虑相匹配的顾客群体，比如店开在社区，则主要顾客群体是社区里的女性；如果店开在商务中心，那么主要顾客群体就是白领。不同的顾客群体，相对应的需求侧重会有不同。写字楼的女性偏年轻、时间有限，大都想舒缓压力，调理亚健康身体；社区里的女性以家庭主妇居多，时间相对充裕，但需要兼顾家庭。不同的市场定位，会有不同的营销策略。

■ 美容院的店名定位

　　店名定位就是通过店名体现美容院的专业定位，让顾客一看店名就知道这家美容院是解决什么问题的。比如一些连锁品牌，欣奕除疤，看名字就知道是做专业除疤的；新雨池祛斑，看名字就知道是做专业祛斑的；良咔瘦身，看名字就知道是做专业减肥的；谢锡亮艾灸馆，看名字就知道是做专业艾灸的；艾尼美甲，看名字就知道是做专业美甲的……相比之下，那些叫×××美容养生会所、×××养生馆的，就显得比较泛泛了，消费者看了也不知道具体能解决什么问题。

　　美容院店名定位既要突出特色，又要朗朗上口，易记易传播。

【实战案例】

■ 定位精准，2年开了8家店

　　天津滨海新区一家名叫荷儿的美容店找到笔者，称有开专业泡浴店的想法，但不确定是否可行。鉴于笔者长期奔走市场一线，深知全国各地很多美容店里的中药泡浴备受欢迎，就肯定地告诉他们，完全可以涉足，但首先要明确定位。当时笔者给其起的店名"荷儿四季泡浴坊"十分讲究：一听名字就知道是做专业泡浴的，"四季"说明顾客一年四季都可以来泡浴，打破只有冬天才想泡浴的局限；"坊"既赋予其古典韵味，又使其与市场上常见的会所、会馆、中心等形成差异，从而显得独树一帜。泡浴名字设计为"全效四维泡浴"，定价480元，时长110分钟，包含淋浴、泡浴、推油、温灸等环节。因为当时市场上还没有专业的泡浴店，笔者就采用占位的策略，策划了一句广告语：争做中国泡浴第一连锁品牌。而另一句广告语则体现了特色，借用了凤凰传奇组合的著名歌曲《荷塘月色》中一句歌词，并进行改写：泡过了四季美丽又健康，等你宛在水中央。

因为没有直接的竞争对手，荷儿四季泡浴坊从第一家店开业，仅用两年时间连开8家泡浴连锁店，且家家火爆，成为当地市场的引领者，其每年举办的泡浴文化节更是成为在当地市场颇具影响力的标志性行业大事件。

02

视觉营销：唤醒顾客的消费欲望

———— SECTION

当你在逛商场的时候，有没有过因为看到一件漂亮的衣服而特别想买？有没有因为一条特别有视觉冲击力的广告而产生消费的冲动？当你口渴的时候，突然看到一条饮料广告，是不是特别想马上买一瓶？当你饿了的时候，看到美食的图片，口腔是不是忍不住分泌唾液？……

这就是视觉营销的力量！

美容院的视觉设计大致分为店外与店内两大部分。店外部分主要包括门头、LED 屏幕、橱窗和户外广告。

门头主要体现的是店名和广告语。特别提醒，如果你的店名比较宽泛，那就需要在门头下方用小字补充店内特色服务项目或者主要服务项目，这样会让路过的潜在顾客快速了解店内业务，从而吸引有需求的顾客进店消费。

LED 屏幕是安装在门头下方的长方形电子屏，它取代了原来的横幅。美容院一定要用好这块屏幕，它相当于美容院的《新闻联播》，随时播报美容院的动态，如引进新产品、新技术，举办促销活动以及美容院的其他最新信息。然而，现实中很多美容院的屏幕内容常年不变，或者只在举办大型活动时才更新。

很多潜在顾客会先观望。如果美容院的 LED 屏幕经常更新，顾客可能会认为这家店很规范、很有活力，从而留下良好的印象；相反，如果屏幕内容常年不更新，顾客可能会认为这家店死气沉沉，经营管理不善，从而不想进店消费。

橱窗主要以图片为主，现在是"读图"时代，橱窗上的大图，人远远地就能看到。如果是密密麻麻的文字，一方面距离远了看不清，另一方面阅读太多文字比较浪费时间和精力，人们往往会习惯性排斥。因此，橱窗上的内容最好突出店内特色产品或服务项目，这样能有效促进消费。同时，图片的质量要高，要清晰、有美感，还要富有创意，这样才能吸引眼球。

户外广告是指美容院店外的广告牌，如路牌广告、宣传牌、墙体广告、车体广告等。户外广告应该遵循的原则是展示特色项目图片和优惠活动。特色项目能够吸引眼球，优惠活动起到促销的作用，促使潜在顾客进店消费。

【实战案例】

■ 让减肥顾客一眼"沦陷"的广告

笔者曾经给郑州市管城区康桥广场内的一家美容院策划户外广告，当时主要针对的是减肥瘦身项目。广告中不仅突出了女性身材，还配了一句很有"杀伤力"的广告语："男人的变心源自女人的变形。"后来这家店反馈说，很多顾客正是因为被这句话刺痛了，才下定决心进店减肥。目前很多女性面临婚姻危机，这样的广告语确实抓住了有些人的痛点。

店内的视觉营销

店内的视觉营销同样非常重要。美容院作为一个服务场所，顾客的停留时间相对较长：做一个普通护理项目，通常需要1小时左右；如果同时做多个护理项目，可能需要更长时间。在这段时间里，良好的视觉设计能够激发顾客的消费欲望。可将店内主要分为接待区、服务区、过道、卫生间和调配区等。

接待区是顾客进门后第一眼看到的区域。前台，也就是收银台，要突出专业性。前台人员要着工装、带胸牌、化淡妆、盘头发，整体显得精干，让人感觉舒适。收银系统、工具、台账、笔记本、笔、开票簿、顾客档案、预约表等，要一应俱全。前台后面一般要设置一面形象墙，主要用于凸显美容院的品牌形象。

前台的左右两边应该分别设置产品展示柜和企业文化墙。产品展示柜用于陈列产品，需遵循产品陈列的黄金标准：

（1）对销售快、价格高的产品要做三个"到"——容易看到、容易找到、容易拿到；

（2）销量最高的产品，陈列面积应最大；

（3）重要产品应尽量集中陈列在产品柜的中上位置；

（4）陈列的产品品种要齐全，数量要充足；

（5）品类集中陈列，以带动连动购买，即系列产品（如美白祛斑产品）应集中摆放；

（6）按固定顺序摆放，形成视觉秩序感；

（7）产品包装正面朝外，以传递产品及促销信息；

（8）产品陈列保持干净、卫生；

（9）遵循先进先出原则，以保证产品的新鲜度。

在按黄金标准陈列产品之前，需要做好细致的准备工作，即对产品分类：哪些是销量高且价格高的产品，哪个是销量最高的产品，哪些是较重要的产品，哪些是存在不足的产品。分类完成后，再按黄金标准进行陈列。此外，随着产品的不断销售，陈列的黄金标准会被打乱。因此，在每天的销售高峰过后，应立即调整陈列，确保产品能恢复黄金标准陈列。有专业调查机构的报告显示，按黄金标准陈列产品可提升 18% 的销量。

企业文化墙的内容主要包括企业简介、团队风采、活动剪影、顾客生日祝福、成功案例以及获得荣誉等。企业文化墙的主要作用是增强顾客对美容院的信任。一旦顾客产生信任，销售就变得更容易。具体可根据店内空间灵活安排。

服务区实际是各个美容间。根据不同美容间的功能，应重点突出店内服务项目，例如，减肥房间突出减肥的内容，艾灸房间突出艾灸的内容等。

走廊两侧的墙面可以作为不同时期的活动内容展示区，便于强化活动主题，反复刺激顾客消费。

卫生间应该展示科普性内容，如美容常识、养生知识等。这些内容可以帮助顾客获取知识，从而培养他们的美容养生意识和习惯。

综上所述，美容院必须重视视觉营销。良好的视觉营销不仅能激发顾客的消费欲望，还能增强顾客的信任感，从而促进主动消费，达到事半功倍的效果。

【实战案例】

■ 店内视觉营销，让美容院不销而销

河南省三门峡市的一家大型美容院在引进瑶浴项目的时候找到了笔者。由于该店面积大、顾客多，笔者为其策划了最简单且立竿见影的视觉营销。

第一步，笔者为瑶浴项目设计了一张主题海报，并贴在店内最醒目的位置——前台附近。海报广告语为：5分钟出汗，10分钟排毒，20分钟宛如出水芙蓉。这样的广告语配上富有美感的图片，让顾客看了心动不已。

第二步，笔者在店内走廊区域设计了一系列有关泡浴文化的展板，内容包括：泡浴的起源、泡浴效果的神奇传说故事、历史名医对泡浴的论述、当代国医大师对泡浴的肯定、当红女星泡浴美容的资料以及泡浴主要针对的症状与适应人群等。

　　这其实相当于一个泡浴文化展。当顾客从这里走过时，看到泡浴的展板，会情不自禁地想体验。

　　视觉营销启动之后，瑶浴项目迅速成为店里的明星项目，新顾客体验率达到了 100%，也就是说，每一位进店的新顾客都会优先体验瑶浴。这使该美容院在当地美容消费市场逐渐形成好口碑：这家店瑶浴做得最好！

03

新闻营销：使美容院迅速出名的金钥匙

—— SECTION

"狗咬人不是新闻，人咬狗才是新闻。"

这是美国《纽约太阳报》19世纪70年代的编辑主任约翰·博加特对新闻的解释。这种说法告诉我们，营销中的新闻不仅要新鲜，还要具有反常性和猎奇性。就像我们现在每天在手机上看到的新闻，如果不具备这些特点，很难登上热搜榜。

所谓的新闻营销，就是将企业的营销传播活动植入新闻事件中。一般来说，新闻营销中的新闻大多是"制造"出来的。

美容院要想做好新闻营销需要把握以下三个核心要点。

第一，结合自身情况和当地资源制造新闻。

虽然制造新闻是新闻营销的第一步，但是决不能瞎编乱造，一定要有依据，不能让人感觉是刻意为之的假新闻，否则就会弄巧成拙。一方面，可以先盘点一下店内的资源，看看有没有可以结合的地方，比如产品、服务、员工、老板、股东、顾客等；另一方面，可以挖掘当地的历史文化、人文地理及相关资源。

第二，要与店内品项或店内宣传有关。

制造新闻是为了营销服务，但不能走极端，不能为了制造而制造。否则，新闻虽然有了，但是跟店里关系不大，就会白忙活一场；或者出现负面新闻，遭人谴责，那就更得不偿失了。

2023年7月，一家美容院的新闻登上了百度热搜榜——美容院集体喊口号"让原配变小三"。这虽然成功实现了传播效果，但带来的都是负面影响，不仅网上骂声一片，该店还被当地政府部门问责。

所以，美容院制造新闻时一定要把握好方向和内容，决不能出现大的偏差。

第三，要选择精准的传播渠道。

光能制造新闻还不够，还要让新闻传播出去让更多的人知道，尤其是让潜在顾客知道。在当前的市场环境下，主要有两种传播渠道：一种是线下传播，比如宣传页、杂志广告、报纸广告或报纸夹页广告，以及更有效的户外广告，如小区门闸广告、电梯广告等；另一种则是线上传播，利用抖音、快手、今日头条、微信等平台传播。美容院还可以通过付费让权威媒体或"网红"转发，扩大传播效果。

【实战案例】

■ 小美容院一次新闻营销收益达 18 万元

笔者当年服务的一家美容院位于浙江省杭州市淳安县千岛湖附近，店内面积较小。一楼是产品陈列和接待区，二楼是一间美容室，里面有 3 张美容床，团队仅 2 人（含老板）。店里有一个见效较快的项目——针灸减肥，凡是体验过的顾客都很认可，但是在当地还有很多人不知道。于是，笔者首先策划了新闻营销，标题为《近日千岛湖惊现"魔鬼"》。我们知道，千岛湖是个著名的景区，景区内出现了"魔鬼"，当然是当地的一条大新闻。当读者继续往下面读就会发现，这跟一家美容院的减肥项目有关。

近日，笔者在千岛湖镇发现大街上突然出现了大量拥有魔鬼身材的魅力女性。经过调查发现，这些女性都在千岛湖边一家名为××美容美体生活馆接受过中医养生减肥项目服务。一时间，千岛湖镇那些对自己身材不满的女性纷纷涌向××美容美体生活馆，其中有女白领、商界女精英等，她们争相打造魔鬼身材……

该营销方式是通过报纸夹页广告来传播的。彩页正面是新闻内容，反面是针灸减肥项目的详细介绍。最终选择在浙江的《都市快报》投放1万份夹页，覆盖整个县城。活动前三天，该店每天的咨询来电超过100个，每天进店顾客超过30人，预约做减肥的顾客最终达到了60人，成交额高达18万元。

通过以上内容可以看出，本案例充分挖掘了当地最大的人文地理资源——千岛湖，紧扣美容院店内的减肥项目，利用"魔鬼"一词的双关含义，最终选择了在当时相对有影响力的《都市快报》作为传播渠道，可谓恰到好处。

04

造势营销：让美容院销售水到渠成

对美容院来说，适时举办大规模的造势营销活动，不仅能提升品牌知名度和店面影响力，更能显著提升销售额。

何谓"势"？《孙子兵法》曰："激水之疾，至于漂石者，势也。"湍急的流水飞快地奔流，以致能冲走巨石，这就是"势"的力量。在市场竞争的商战中，企业只有占有优势，才可先声夺人。

那么，美容院该如何造势以达到营销的效果呢？其实，从上游合作的品牌到店内资源，都可以逐一考虑是否可以用于造势。

■ 规模造势

门店的规模是可以用于造势的。因为规模大本身就是实力的象征，很多顾客之所以不愿在美容院办卡，就是担心有一天美容院突然跑路。而规模大的美容院，会在一定程度上打消顾客的这种疑虑。

如果店内美容师很多，就可以宣称是当地美容师最多的美容院。美容师不足一直是美容行业的痛点。据调研，顾客最厌烦美容院频繁更换美容师或者美容师不足，导致每次做美容都要等待。而美容院美容师充足，恰巧说明服务有保障。

■ 特色造势

所谓特色，就是在当地只有自己的美容院拥有，其他美容院所不具备的。比如广东珠海有一家美容院，整个店面是一个小院，院子四周都是美容室，中间是个花园，有水池、绿树和花花草草。笔者当时将其策划成"珠海首家花园式美容院"，并很快取得良好的效果，因为带花园的美容院确实是极为少见。

■ 形象造势

很多美容院装修得非常好，让人感觉很温馨，风格多样，有古典、新中式、欧美风等，会让顾客很容易产生体验的欲望。但是如果顾客不进店，就看不到这些细节。因此，美容院可以利用"温馨的美容院""适合沉浸式美容的会所"等宣传点来进行造势。

■ 公益造势

做公益是体现企业社会责任感的重要方式。美容院可以有计划地在合适的时间开展一些公益活动，从而形成轰动效应。举个例子，比如说美容院所在城市的某个著名景点或者标志性地方出现了脏乱差情况，那么美容院可以自发带领员工去清理，这样的行动就会引起媒体关注和报道。

■ 传播造势

具体来说，就是采用聚焦策略，围绕一个主题、一种传播媒介，进行持续且全方位的宣传。例如，线上渠道（微信公众号、抖音、快手、头条、微博、视频号等）和线下渠道（户外广告、公交广告、电梯广告等）如果都在持续宣传同一内容，那么在短时间内就能达到造势的效果。

■ 店内造势

如果一个新项目或者一个活动，对外宣传得很厉害，把顾客吸引进店了，结果店里没有活动氛围，那么顾客会有什么感觉呢？就像一颗火热的心被浇了一盆冷水，本来想消费的欲望也会瞬间熄灭。因此，店内的现场造势是关键的"临门一脚"，至关重要。

像美容院日常所需要的LED显示屏、展架、海报、吊旗、地贴、气球、礼品等，一定要全部准备到位。这样的氛围营造就像一团烈火，能将顾客的消费欲望瞬间点燃，从而促使其主动消费。

【实战案例】

■ 大型美容会所开业，造势营销掘金300万元

湖南省浏阳市的一家大型美容会所开业时，笔者为其策划了造势营销，从形象、公益、传播、店内四个方面进行操作，最终取得了开业活动期间成交额近300万元的显著效果。

形象造势：外国模特代言

请形象代言人，尤其是请名模做形象代言人，在许多美容院看来似乎是遥不可及的事，因为大多数人认为只有产品品牌才会找形象代言人，难道美容院也可以吗？这家店也有这样的疑问。笔者当时肯定地回答："当然可以。"这不仅能形成新闻效应，让人刮目相看，还能让美容院快速脱颖而出，拉开与普遍美容院的差距。这家店规模较大，具备这样的实力，而请代言人本身就是实力的体现！到这样有实力的店里办卡，谁还会担心店家跑路呢？最终该美容会所邀请了一位法国名模做形象代言人，作为国际SPA养生会所，这是真正的实至名归。

公益造势：影响全城

对于这样一家拥有完整团队的美容会所，当30多位员工统一着装、工

牌和妆容走在大街上时，绝对是一道亮丽的风景。于是，笔者策划了一场全城公益营销活动，让该美容会所的所有员工统一形象，前往市区几个主要拱桥做义工，有人负责举牌"塑造和谐美丽城市，从×××做起"，有人负责拿抹布擦拭站牌和路栏，有人负责用无纺布袋捡垃圾，走到哪里就把干净卫生带到哪里。这样的活动持续了10天左右，很快在大街小巷传开了，当地电视台也进行了报道。这一举措不仅让该美容会所出了名，还在人们心目中树立了良好的品牌形象。

传播造势：立体化全覆盖

在宣传方面，笔者指导该美容会所实现了立体化、全覆盖的传播策略，涵盖高速路口广告牌、高端社区彩旗、报纸广告、广播电视广告、网络软文宣传、电话营销等多种方式。前期这样集中的广告轰炸，就是要达到"满城尽是×××"的效果，无论是政界人士、商界人士、娱乐界人士，还是普通市民，都会知道该美容会所要开业了。宣传的主题内容包括"中国美容界的劳斯莱斯进驻本市""法国名模为我市美容企业做形象代言""我市诞生美容界首个三养会所""火速征集企业团购"等，从强调规模到强调档次、服务、特色和火爆程度，全方位吸引目标顾客。

店内造势：水到渠成掘金300万元

开业活动期间，店内动线及活动经专业策划，达到造势的效果。第一，充分利用店内空间大的优势，将二楼打造成展示区，相当于一个微型展会。展示区包含项目体验区、检测诊断区、欢乐抽奖区、VIP会员专属区、企业团购区和美容文化展示区等，顾客一进门就会被震撼到。第二，开业销售方案设计丰富多样，既有2980元的留客方案，也有从4980元到198000元的入会方案。入会顾客可获赠不同档次珠宝的钻戒，极具吸引力。第三，在剪彩仪式结束后，还设有"开门红"活动，赠送价值3000元的会员店庆红包，进一步刺激顾客入会。最终，由于前期拓客成功人数较多，开业答谢活动分3天进行，3天内共接待顾客1000余人，成交额接近300万元。

总结

随着市场越来越成熟，信息越来越发达，顾客越来越挑剔，传统的小打小闹和单一的营销活动已难以取得良好的营销效果。因此，具备条件的大型美容会所必须运用造势营销。一系列造势活动为销售目标的完成提供了更多支撑点，大大提高了开业成功率。中小店面同样需要营销造势，只要根据自身条件量力而行，也一样能取得理想的效果。

05

爆品营销：一支单品盘活全店

长期以来，康师傅靠红烧牛肉面一年销售几百亿元，统领中国方便面市场直到今天；

王老吉靠一款凉茶年销售几十亿元；

2023年9月，茅台酒与瑞幸咖啡推出"酱香拿铁"，火爆全网，上市第一天卖出542万杯，销售额超1亿元。

……

这就是爆品营销的力量！

很多美容院认为，爆品营销是大品牌、大企业、大厂家的事，好像与美容院相距十万八千里。

大错特错！

美容院一样需要爆品营销！

爆品是一种互联网语言，简而言之，就是爆款产品。

何为爆款产品？在电商领域有很多种说法。对于美容院经营者而言，只要记住一句话：购买率达到60%～80%的产品或项目就是爆款产品，也就意味着有60%以上甚至80%的客户都购买过它。

在美容院里，爆品可以是一支护肤品、一个套盒，也可以是一个服务项目。不同美容院的品项结构不同，爆品当然也会不同。比如，有的美容院泡浴是爆品，有的美容院面膜是爆品，有的美容院减肥项目是爆品，有的美容院面部排毒是爆品，等等。

但可以肯定的是，每家美容院都可以利用爆品营销，每家美容院也都需要爆品营销。

有的美容院可能会问：我的店怎样才能拥有爆品呢？其实，市场上很多店都存在具有爆品潜质的品项，只是你没有发现。如果确实没有符合爆品条件的品项，那就需要重新引进或重新打造产品。

■ 美容院爆品营销四大步骤

现有美容院要想做好爆品营销，需要按照以下四大步骤进行。

第一步，盘点品项

盘点品项就是对店内所有品项进行盘点。要把店内所有的品项，包括曾经有过的品项罗列出来，按照名称、操作流程、服务时长、单价、套餐价、销量等指标做个盘点，这样就会一目了然，也不会有遗漏。现实中，很多店由于营销没做好，一个新项目刚引进就被搁置了，有缺乏厂家支持的原因，也有自身的原因，有些项目并不是不好，而是美容院没有做好营销。所以说，盘点的过程也是对店面项目重新认识、重新思考的过程。

第二步，筛选具有爆品潜质的品项

什么是有爆品潜质呢？简单说，就是具备爆品的特征，主要体现在以下三点。

（1）有特色。即与市场上同类的品项相比有特别的地方，而且让顾客有更好的体验感。

（2）有价值。即服务比较多，让顾客感觉超值。比如，同样是泡浴，其他美容院的泡浴只是泡浴，而本店的泡浴是让顾客在泡之前先淋浴，泡完还有按摩和艾灸。

（3）价格公道。价格不高不一定必须价格低，而是相对市场同类品项来说，不高于市场平均价格，让顾客感觉价格合理。

具备了这三点的品项，才是美容院里有资格做爆品的品项。

第三步，爆品塑造

具备了爆品特质，并不是说产品就是爆品了。就像国家队选拔运动员一样，被选上了只是说明其有这方面的潜力，并不是说马上就可以参加比赛拿奖牌了，还需要各种训练和培养。这个过程就称为爆品塑造。

起个好名字

爆品需要一个好名字，好记好传播。有的品项具备了有特色、有价值、价格公道这三个特质，但是名字比较复杂、比较专业，这时候就需要重新取个名字。比如，将面部补水改为面部SPA，将拔罐刮痧改为双通，将仪器减肥改为懒人减肥，做到好听、好记、好传播。

定一句响亮的广告语

用一句话来表达爆品的主要作用，就是爆品的广告语。例如，"拆掉女人胸前的隐形炸弹"是乳腺疏通的广告语；"从皮肤的根部补水"是皮肤深层补水的广告语；"七天，阿婆变阿妹"是抗衰套盒的广告语。

有主KV海报

主KV海报指广告设计中的主KV，它是品牌或产品在一定时期内的核心视觉设计，用于统一整体概念和视觉风格。

爆品的主KV海报需遵循以下要求。

（1）要有档次感、高级感。

（2）要有视觉冲击力。

（3）要突出爆品的名字与广告语。完整的广告应遵循"七分图、三分文"的原则，主要突出爆品的名字和广告语即可，其他部分尽量减少。

优化操作流程或使用方法

美容院里的品项都是有操作流程的，爆品也不例外。爆品的操作流程既要简单又要让人感到专业，这就要求美容院要优化操作流程或使用方法。

合理定价

爆品的价格不是越高越好，也不是越低越好，通常情况下要略低于市场平均价格。美容院首先要统计出同类品项的市场平均价格，最简单的方法就是进行市场调研，找出当地十家美容院同类品项的单价相加，然后除以十，让本店的爆品单价稍低于这个平均价。

第四步，爆品的销售

在爆品塑造完成之后，紧接着就是爆品的销售了。爆品的销售可分为以下几个阶段。

铺垫阶段

美容院要用 7 ~ 10 天的时间进行铺垫宣传，每天发微信朋友圈 3 ~ 5 条，同时在微信公众号发文，并在顾客微信群发 3 ~ 5 次相关信息。店内的宣传也要跟上，如橱窗、展架、海报、吊旗等物料要摆放好。总之要达到让顾客打开手机能收到关于爆品的信息，走进店里能看到关于爆品的宣传的效果。这期间如果顾客主动来问价格，美容院要告知他们等正式活动通知，保持神秘感，激发他们的好奇心和期待感。

内购阶段

针对员工人数超 10 人的大型美容院，若能激发员工购买热情，使他们对产品充满信心，爆品销售时便会更具有说服力。此时，店内可设定内购价，鼓励员工购买，只有亲身体验过，销售的时候才能更有自信。

如果店内员工较少，则直接进入下一个阶段。

体验阶段

在这个阶段，要让有效顾客尽可能地体验爆品。为此需要设定体验价，如 198 元／次的项目，体验价可以设定为 68 元／次。如果一次体验效果不明显，可以把体验价设定为 198 元 3 次。

为了实现这一目标，美容院需要根据不同顾客的情况，灵活处理：对于店内的"铁粉"顾客，可在其购买爆品体验之后，再进行优惠，如买一次送一次或额外赠送小礼品。针对在店内还有很多项目没有消费完的顾客，可以采用置换的方式，让其用原来的项目置换爆品体验，无须额外付费；对于不愿意置换的顾客，则可以为其提供免费体验的机会。

同时，在体验阶段也可以利用爆品拓展新客源，如通过地推、美团团购及抖音团购等方式。

成交阶段

当体验满意度达到85%以上时，成交阶段便相对简单，很容易实现80%的成交率。例如，推出"闺蜜同行尊享半价"活动，不仅能促成成交，还能达到"老带新"的效果。假设爆品的一个疗程价为1980元10次，如果新顾客与老顾客一同购买，则两人共计花费1980元，每人可享受10次服务。

复购阶段

复购就是顾客消费完之后继续购买。只要在每次服务过程中让顾客满意，并维护好日常客情关系，复购便水到渠成。

■ 爆品营销对美容院的四大核心价值

成功的爆品营销能为美容院带来以下四大核心价值。

提升全店业绩

成功的爆品营销可使成交率达到60%~80%，一个爆品创造的收入可能高达几万元甚至几十万元，从而显著提升整店业绩。

拓展新客源

无论是利用爆品对外拓客引流，还是利用爆品实现"老带新"，都会有效增加客源。这不仅扩大了店内的顾客资源总数，还提升了品牌影响力。

增强经营管理能力

爆品营销的整个过程涉及策划、经营、管理和销售等各个环节。在落地实施过程中，美容院经营者能够在这些方面积累经验，显著提升经营管理能力。

提高团队的信心和执行力

全员参与的爆品营销活动，由于有策划、有准备、有目标、有安排，最终的成功是水到渠成的，业绩的增加会进一步增强团队的信心，提升执行力、凝聚力。

【实战案例】

■ 仪器摇身变武器

广州的一家美容连锁店采购了一台补水的仪器，名为湿膜培植仪。经过策划，项目被命名为"湿膜培植补水"，广告语为"从皮肤的根部补水"。该项目的单价为288元，体验价为218元。成交方案有两种：7980元30次，或13800元60次，另赠价值1380元的水凝保湿经典家居套装。通过两种方案的对比，促使一些高端顾客选择办卡。这款仪器的成本价仅3000多元，利润空间显而易见，仅这一单品就创造了20多万元的业绩。

■ "会跳舞的面膜"

山西阳泉一家减肥机构原本计划将减肥项目作为爆品打造。但经过全面分析，笔者决定将一个名为"悦动面膜易容术"的品项定为爆品。由于操作时设备在脸上有跳动的感觉，因此将其命名为"会跳舞的面膜"，广告语为"肌肤跳舞，青春永驻"。该项目的单价为188元/次，体验价为68元/次，

2人拼团价为76元/次，3人拼团价为84元/次。通过诸如"你的面膜会跳舞吗""没有会跳舞的面膜，你OUT了""换膜行动开始啦""这个夏天，我们跳着舞给肌肤保鲜"等铺垫阶段的操作，最终使不足200平方米的美容院，仅凭借"会跳舞的面膜"这一爆品就创造近10万元业绩。

06

借势营销：四两拨千斤

商战需要势能。

提到势能，有的美容院会说，我们只是个体户，哪有能力造势啊？别忘了这样一句话：无势者需造势，无力造势者需借势。

借势营销是每家美容院都可以做到的。

■ 如何找到势能?

借势首先得有势可借才行。美容院要做借势营销，必须先找到可借的势能，可从以下几方面入手。

借助社会热点

美容院想在某个时间做借势营销，就要考虑该时间节点的社会热点有没有结合的机会。有些时候有热点，有些时候没热点；有的热点能结合，有的热点很难结合。如2021年"3·15"期间，郑州一家美容连锁品牌针对性地举办了"美丽无价，诚信经营"签名宣誓仪式，活动被当地媒体报道，广为传播。

借助火爆的影视作品

有一些跟女性生活密切相关的影视作品，一旦火出圈之后，就是个很好的借势机会。电视剧《回家的诱惑》曾比较火爆，当时笔者给广东佛山的一家美容院策划了以"《回家的诱惑》魅力女人启示录"为主题的借势营销，因为当时这部电视剧已经成为街头巷尾人们茶余饭后的焦点话题，使美容院也火爆起来；电视剧《婚姻保卫战》爆火后，笔者又及时策划了"全城女人打响《婚姻保卫战》"主题的借势营销，均取得了良好的效果。

借助大型体育赛事

奥运会、亚运会、世界杯等大型体育赛事，如有合适的机会也是可以借势的。广州亚运会期间，笔者曾为广州市一家美容连锁机构策划了推广补水护理的营销活动："为广州亚运加油，为广州女人加水"。一时间反响热烈。

借助竞争对手

是的，你没有看错！就是借竞争对手的势。

河南省新乡市某商场里的一家小美容院准备请笔者策划活动，却突然说要暂停，原因是商场内一家大型美容会所即将举办包场活动，该店想暂避锋芒。笔者听后立即告诉美容院，这是个借势的好机会。既然对方做专场活动，其他商家不能布展，那就采用人海战术，临时找30名兼职人员，在活动当天统一服装、披绶带、举广告牌进行宣传。结果，这家美容院这一天的业绩就已远远超过了之前1个月的业绩。

借助当地展销活动

全国很多地方都会办一些商业活动，如家装节、啤酒节、音乐节、嗨购节、美食节等活动。其实不管什么样的活动，对于美容院来说，只要能吸引人，尤其是女性——美容院的目标客户群体，美容院都可以借势参与。

■ 美容院借势营销三部曲

精准的主题结合点

面对各种类型的热点、焦点、事件，关键是要找到与美容院的结合点。这个结合点就是关联性，要么相一致，有相同点或者比较接近；要么相对立，能形成鲜明的对比。可以是跟美容行业相关联，可以是跟美容院里的服务项目相关联，也可以跟美容院的经营理念、企业文化相关联，比如"3·15"就跟诚信经营有关。

恰当的传播方式和传播渠道

美容院要根据实际的活动情况选择宣传方式来开展借势营销：有的需要媒体的传播；有的适合利用传统的户外广告牌、电梯广告、公交站牌、车体广告等传播；而有的则可以通过现场的布置进行展示。

设计相应的促销活动

营销最终呈现的结果就是成交，借势营销也是一样。美容院除了通过借势将信息传递给目标客户群体，最重要的是促使客户消费。

■ 美容院借势营销的效果评估标准

看有没有增加新顾客

因为借势营销对于美容院来说是一种向外拓展的方式，所以新增顾客的数量是效果评估的第一指标。如果没有新增或者新增数量较少，那就要进行复盘，认真找出原因，提出补救措施。

看有没有带来业绩

这里需要强调的是，借势营销带来的业绩，主要不是看业绩金额的多少，因为针对新客主要销售的是体验套餐，单价相对较低，核心是看成交率。

【实战案例】

■ 借势儿童智力游戏，带动美容院魔性营销

《赛尔号》是一款儿童益智游戏，一度在小学生群体中非常火爆。考虑到每一个学生背后都会有一个母亲，这些母亲显然是美容院的目标客户群体。而《赛尔号秘籍攻略》是一本如何玩好这个游戏的辅导手册，赛尔号迷都想拥有。

基于以上分析，笔者认为，第一是用《赛尔号秘籍攻略》来吸引孩子注意，第二是通过让孩子带着妈妈进美容院，这样孩子就可以得到《赛尔号秘籍攻略》，而妈妈则可以获得美容院提供的美容养生项目体验。另外，考虑到可能会有部分孩子不玩游戏，所以在给孩子的赠品里又增加了一个卡通电子表，这种赠品既受小孩子喜欢，又具有实用价值。

执行要点

发卡

在周一至周五的放学时间（中午 11:30 ~ 12:30、下午 17:00 ~ 18:00），美容院以小学生为主要发卡对象，在小学门口发放卡片。发卡的时候，美容师要带上《赛尔号秘籍攻略》和卡通电子表，并告诉小学生只有带着妈妈去美容院才能获得这些赠品。

进店

当小学生带着妈妈进店后，一方面让其迅速选择《赛尔号秘籍攻略》

还是手表，另一方面为家长开具收据。美容师可以带着妈妈参观一下店内环境，或者给妈妈进行皮肤测试或中医诊断，预约项目体验时间，为后期销售做好铺垫。

物品准备

制作2000份圆形卡片，使用157克铜版纸印刷。准备《赛尔号秘籍攻略》若干份，可在网上购买。同时准备卡通电子表若干个，可在网上或当地批发市场采购。

实施效果

当年笔者在山西晋城的一家美容院活动现场亲历了这一活动。中午12点前，美容师分组前往小学校门口发卡，结果不到半小时，随身所带的卡片便被一抢而空，孩子们听说有《赛尔号》相关赠品，纷纷踊跃领取。美容师刚返回店内，就有十几个小朋友带着妈妈前来。由于所支付的金额不多，并且美容院会承诺退还，所以大部分孩子的妈妈都愿意支付并预约体验项目。下午5点多，美容师再次分组出去发卡，情况与中午相似，不同的是，带着妈妈进店的孩子数量比中午多了一倍多，并且由于美容师沟通到位，其中30%的顾客当天就购买了套盒，美容院收款2万元左右。

发卡现场的热闹氛围和趣味性激发了美容师的积极性，她们争先恐后地参与发卡，改变了以往都不愿出去发卡的情况。

借助《赛尔号》游戏进行营销是一次创新，突破了美容院传统的营销模式，以一种崭新的形式进行操作。而且，其核心魅力在于抓住了儿童的心理，巧妙利用了网络游戏的影响力。

07

社区营销：社区美容院的制胜法宝

—— SECTION

近年来，随着互联网技术的发展及其带来的冲击与影响，美容院正在逐步向社区转移。在美容行业，这种美容院被称为社区店。

社区店有的开在社区旁的商业步行街，有的开在社区门口内侧，有的则开在居民楼里。不管开在哪里，社区店正在以燎原之势蓬勃发展。

社区店具有以下特点。

（1）房租低、投资小。之所以出现社区店，最初的原因就是街边店房租年年涨，而且居高不下，房租上涨的速度远远超过美容院业绩增长速度。而开在社区，房租相对较少，就连水电费也比街边店低。

（2）方便顾客。社区店位于生活区内，主要顾客群体是小区里的居民。小区居民做美容时可以直接步行前往，所谓足不出区，大大节省了时间与出行费用。

（3）顾客群体集中。因为社区店的主要顾客集中在小区内，这使门店的营销传播更加高效。比如社区通常有业主群，门店可以在群里发布信息；或者在社区的主要路口做广告牌，这些方式都非常方便。

综上所述，基于社区美容院的特点，营销工作应该围绕社区属性展开，绝不能脱离这一核心。

这里需要强调的是，社区营销不仅适合开在社区内的美容院，也适合街边店针对附近社区开展营销。

下面我们盘点一下社区内的营销资源。

■ 广告资源

广告资源分类

社区门口广告

目前，大部分社区门口都有车辆通过的门闸，门闸广告一般为横向落杆式；还有供行人通过的铁门，铁门广告一般为竖立式。此外，小区门口保安岗亭的伞也可以打广告。

车库广告

许多社区都有车库。车库内不仅有门闸和保安岗亭可以投放广告，其内部空间也适合进行广告投放。

电梯、楼梯广告

社区内高层居民楼通常配备电梯，电梯内可以设置框架广告和 LED 大屏广告。即使是没有电梯的多层楼房，也可以设置楼梯广告和楼层广告。

小区广告牌和宣传栏

社区内通常都有固定位置的广告牌和宣传栏。宣传栏主要用于居民发布信息，如寻物启事、招领信息、物品置换等。

这些广告资源都是需要付费的。很多美容院老板认为其费用昂贵，其实这是一个误区。首先，广告的价值在于效果，如果能为美容院带来收益，那么投入就是值得的；其次，社区内的广告资源是有限的，比如门口广告，一个社区的大门数量是固定的；最后，广告投放不必长期进行，可根据自己的需求科学合理地安排。所以，短期投放广告的费用，大部分美容院其实是可以承担的。

社区美容院投放广告的时机

开业时机

新美容院开业、老容院从街边乔迁到社区内以及美容院经过升级改造重新开业等，这些情况都需要投放广告，一方面是起到广而告之的作用，另一方面也是一种造势，彰显美容院的实力。

新品项推广时机

如果美容院引进了新项目，比如具有特色的美容产品、最新流行的技术或最新版的美容仪器，美容院可投放广告进行推广，可以起到拓展新客源、刺激老顾客再消费的作用。

重大活动时机

每逢周年店庆活动以及三八妇女节、五一劳动节、国庆节、中秋节、元旦等大型节假日促销活动，美容院都可以利用社区广告资源进行传播。这不仅可以提升业绩，还可以增强美容院在社区内的知名度和影响力，从而吸引观望中的顾客进店消费。

获得荣誉时机

这个时机容易被忽略，往往被视为美容院内部的事情。比如美容院获得某知名品牌年度最佳合作商称号，或被美容协会、专业媒体等业内机构评为明星美容院等，以及获得当地政府部门、社会机构（如电视台、工商局、消协、人社局等）颁发的诚信经营奖、最佳雇主奖等，这些荣誉都值得大力宣传。荣誉的传播不仅能提升美容院在顾客心中的形象，也是一种信任背书。

社区广告投放原则

有计划有预算

美容院应根据全年营销计划制定广告预算。明确全年营收目标，确定投放广告比例；规划引进新项目的数量和举办大型活动的频次。根据营销计划制订广告投放计划，确保"好钢用在刀刃上"。

投放要有持续性

广告效果具有周期性和时效性，往往不会立竿见影，而是需要一定时间积累。最悲哀的就是顾客不想看广告的时候频繁出现；顾客想看广告的时候，却找不见了。

要不断总结与学习

每次投放后，要进行总结，并做数据分析，统计咨询顾客、进店顾客、消费顾客的数量及产生的业绩。同时，要学习优秀广告作品，不断精益求精，使投放更精准、更高效。最失败的就是一些美容院投放一次广告后，因为没有立竿见影的效果就彻底放弃了。

■ 线上社群资源

在新冠疫情防控期间，线上社群发挥了重要作用，各种相关信息，如核酸检测通知、防控物资发放，以及封控期间粮油、蔬菜、肉蛋、瓜果等日常生活必需品的采购，都是通过社区的社群发布和组织。由此可见，社区微信群是美容院可以利用的重要营销资源。

业主微信群

这是物业公司、居委会为开展相关工作而建的群，通常一栋楼一个群。美容院可以想办法加入每一栋楼的业主群。一方面，可以把美容院的各种动态信息同步到业主群里；另一方面，可以适当给群内业主提供一些福利。此外，美容院还可以通过微信群添加一些女性业主的微信，从而增加美容院的粉丝量。

闲置物品置换微信群

有的美容院会遇到无法加入业主群的情况，或者业主群里有群规，不允许私加微信、不允许乱发广告信息。即使遇见此类难以解决的问题，也无须担心，美容院可以自己建群。

笔者曾经在 2022 年辅导一些美容院主动建立闲置物品置换群，并将群二维码贴于社区各楼栋的电梯内。如今，城市居民家中通常有很多闲置物品，扔了太浪费，卖废品不值钱。通过闲置物品置换群，大家可以各取所需，用自己闲置的物品置换需要的物品。这样的群不仅能满足居民需求，还能顺便把美容院的目标顾客拉进来。

由于是美容院自己建的群，且美容院是群主，发布信息几乎没有障碍，在此基础上开展社群营销，就能更高效。

■ 人脉关系资源

物业公司

社区一般都由专业的物业公司进行管理。物业公司向业主收取物业费，同时提供水电气等设施的维修等服务。最重要的是，物业公司掌握社区业主的信息，这意味着物业公司拥有美容院目标客户的信息资源。因此，美容院可以与物业公司合作，以公益、爱心、慈善为主题开展一些活动。

居民委员会

居民委员会是街道办事处分支机构，也是城市管理中最基层的机构。目前，居民委员会需要开展一些对居民有益的活动，比如老年健康讲座或针对女性的健康筛查等，美容院都可以参与进来。

教育机构

规模大的社区一般都配有幼儿园和小学。美容院也可以与这些教育机构合作，提供赞助并联合举办一些活动，因为每一名学生的背后都有一个美容院的潜在顾客。比如每逢三八妇女节、母亲节等节日，教育机构通常会举办一些相关的主题活动，美容院可以在这些活动中提供赞助。

■ 商业联盟资源

母婴用品店、小儿游泳馆、按摩店、超市、诊所、菜市场、药店、服装店、美发店等，这些业态在社区都较为常见。在这些业态中，美容院可以筛选出来一部分进行合作，如母婴用品店、按摩推拿店、美发店等，这些业态与美容院的匹配度较高，顾客有重叠性，可以实现互联互动，共同为顾客提供优惠活动。

商业联盟合作注意事项

选择合作商家要有标准。并不是所有商家都适合与美容院合作，美容院需要设定一定的标准，比如商家的顾客群体与美容院的顾客是否有重叠性；商家是否讲诚信；商家是否有足够的流量；商家老板思想是否开放，有没有合作意愿……这些因素都需要综合考虑。

方案设计要互惠互利。合作方案必须让双方都能获益。因此，在设计方案的时候就不能只考虑到一方的利益，而要站到对方的立场思考，对方能从中得到什么好处。在商业合作中，没有好处的事，没有人愿意参与。

多在执行落地细节上下功夫。很多时候，美容院工作做了，结果却不好，主要原因在于细节未做到位。细节决定成败，在这里是很有道理的。比如，美容院和一家女装店合作，凡在女装店购物满500元的顾客，即可获赠美容院体验套盒一份。这里需要明确消费满500元如何界定，即需要顾客提供购物小票。同时，必须在女装店放置样品和宣传资料，使顾客知晓活动信息。如果不在这些细节上做到位，合作很难取得好的效果。

【实战案例】

■ 与学校合作，借势母亲节

郑州娅妃特美容SPA养生会所在兴华南街开业一周后，销售开始出现下滑。除了顾客前期办理的998元玫瑰卡和2980元特惠卡，其他卡项销售额增长缓慢。原因是什么呢？经过调查发现，由于兴华南街毗邻郊区，商圈不够成熟，居民消费水平相对较低，与娅妃特美容SPA养生会所的高端定位存在一定偏差。该店附近的人群倾向于低价消费，不容易接受高消费，所以才会出现开业后的销售滑坡。针对这种情况，笔者给出了建议：第一，坚持高端定位不动摇，毕竟我们看重未来前景；第二，继续寻找高端消费人群。

如何寻找高端消费群体？笔者发现，娅妃特美容SPA养生会所对面有一所学校——兴华小学。经过进一步了解得知，兴华小学是二七区的重点小学，也是郑州市教学示范小学，在校学生有2000余人。由此推测，能把孩子送到这里上学的家长有可能是高端消费群体。

找到了高端消费群体，但是如何与他们互动，并将他们转化为娅妃特美容SPA养生会所的顾客，这是一个难题。由于临近母亲节，笔者就策划了首届"娅妃特杯"母亲节征文比赛。比赛由兴华小学教务处主办，娅妃特美容SPA养生会所协办，并提供奖品和奖金。

参赛报名表格上要填写参赛者母亲的资料，否则将取消参赛资格——娅妃特美容SPA养生会借此获得了目标顾客的详细资料。

所有参赛者的母亲均可凭参赛报名表格到娅妃特美容SPA养生会所免费体验2次服务——达到纳客目的。

比赛奖品和奖金为娅妃特美容SPA养生会所提供的价值不同的产品、美容护理卡和代金券——进一步锁定目标顾客。

在颁奖仪式上，娅妃特公司董事长兼总经理亲自向获奖者颁奖——提升娅妃特品牌形象和知名度、影响力。

这是一个独具创意而又非常有效的活动，针对性特别强，直接找到目标顾客群体；活动成本较低，只需要条幅、海报以及产品、美容卡和代金券，容易操作，收效显著。该活动使娅妃特美容SPA养生会所客源不断，与学校的合作提高了娅妃特的公信力，销售额直线上升。

最终，娅妃特美容SPA养生会所销售额突破25万元，吸纳了近200名VIP会员。

08

扩店营销：1 家店裂变 10 家店

笔者在为很多美容院提供营销服务的过程中，发现了一个令人迷惑的现象：有的人开美容院长达一二十年，却仍只经营一家店；而同样的起点，有的人在第一家店成功之后，紧接着开了第二家、第三家，甚至第 N 家连锁店，最终成为一方市场的佼佼者。一般来讲，没有人不想做强做大，没有人不想创造更多的财富，可是为什么却有如此大的差距呢？其中必然有其内在的规律。

■ 开连锁分店的时机

我们知道，做事情要讲究"天时地利人和"，其中"天时"是首要因素，它既可以理解为大环境，也可以理解为做事情的时机是否成熟，包括外部的时机和内部的时机。如果时机不够成熟，扩张开店很可能失败，进而打击老板自信心和积极性。有的时候，表面看起来可以开连锁分店，但实际上时机并不成熟，只是老板的一时冲动，那么失败几乎是必然的。如果美容店老板遇到以下情况，可以考虑开连锁分店。

顾客需求时机

所谓顾客需求时机，是指现有的店铺已经无法容纳和服务更多的顾客，而顾客的数量却在不断增加，出现严重的"供不应求"局面，如果再不开设连锁分店，可能会导致大量顾客流失。比如，如果一家美容院位于行政区，但发现商业区的顾客越来越多，甚至经常有顾客主动询问："你们什么时间在商业区开分店啊？"在这种情况下开设连锁分店，是真正的发展需要和市场需要，而不是老板的心血来潮。这样一来，开设连锁分店的成功概率会大大增加。

抢占市场时机

随着中国居民住房需求的不断增加，新社区不断出现，一旦这些区域建成，会有很多家庭入住，从而形成巨大的美容市场。还有很多城市规划的商业区也会带来大量的人气。如果这些区域形成了巨大的潜在美容客户群，就需要相应的美容机构来满足其需求。在这种空白市场，谁能最先入驻，谁就能抢占更多的市场份额。如果美容院自身条件允许，可以考虑开设连锁分店。

品牌打造时机

品牌就是价值，品牌就是实力，美容院也不例外。美容连锁的主要目的之一是实现品牌效应。假如市场上只有一家店，那品牌效应无从谈起。在一家美容店的基础上连续开设连锁分店，是建立连锁品牌、形成品牌效应、赢得顾客信任的有效途径。如果一家正常盈利的美容院经营了很多年，有了相当数量的顾客群体（如500人以上）、良好的口碑和一定的店面知名度，那么它就已经初步具备品牌内涵，可以考虑开设连锁分店，打造连锁品牌了。

市场竞争时机

我们不难发现，在国内很多城市，美容院扎堆的现象比较常见。在这种情况下，可以考虑在附近再开设连锁分店，形成规模效应，打造竞争优势。在餐饮业，麦当劳、肯德基就采取的是这样的竞争策略。

■ 开连锁分店应该具备的内在条件

马克思主义哲学告诉我们：内因是发展变化的根本原因。因此，开设美容连锁分店需要具备一定条件。俗话说："打铁还需自身硬。"如果不具备这些条件，即使遇到发展连锁的机会，也难以成功，最终错失良机。

产品技术有特色

可以是某一个项目有特色，也可以是整体上有独特的优势。例如，有的美容院的祛斑项目比较好，有的是减肥项目比较有优势，有的是纹绣技术很不错等。关键是要有让顾客非你不可的特色，具备同业无法比拟的优势。这是做连锁的一个支撑点。从某种程度上来说，没有特色就意味着缺乏核心竞争力。所以，美容单店要想发展连锁分店，就必须打造特色。正如这句话所说："这年头不怕价格高，就怕没特色！"

管理相对完善

开连锁分店，很多方面都需要从文前的单店复制过来。尤其在管理方面，如果之前的单店没有完善的管理系统，则很难具备持续发展的能力。如果形成独特的管理系统，在发展连锁分店的时候，便可以快速扩张。在某种程度上，资金并不是连锁扩张最大的问题，关键在于是否具备成熟的管理模式。在开设第一家连锁分店的时候，不一定要有非常完善的管理模式，但务必具备一定的雏形，如人员架构、岗位职责、工作制度、薪酬制度等一应俱全。

人力资源充实

人力资源是发展连锁分店的核心要素。如果缺乏足够的人力资源，一切都是空谈。如果单店人员匮乏，在这种情况下开连锁分店，运作肯定不会太顺利。虽然可以开新店再进行招聘，但是作为连锁企业，总要从原店抽调一两个人，把管理经验、服务标准、企业文化等带到新店。就好比一个人本身就贫血，却要为别人献血，结果必然是自身受损。现实中，很多店不开连锁分店时经营尚可，一旦开了分店，两个店的业绩都会下降。究其原因，主要是人力资源跟不上。

教育培训跟得上

纵观目前的美容行业，如果说产品技术特色是第一支撑点，那么教育培训则是第二支撑点。企业文化的传递、管理制度的复制、人员的输送等，所有这些环节的运转，都必须依靠教育培训来贯穿。教育培训好比一台机器的润滑油，没有它，整个连锁系统都将不能运转。美容院在开连锁分店的时候，并不是一定要有自己的培训机构（如培训部或培训学校），而是必须要有负责培训的人员，承担培训的责任。

资金链支持

资金支持实际上是一个财务预算的问题。很多开设连锁分店的人，对这方面认识不足，往往将第一家店的盈利直接投入连锁分店。如果连锁分店运营良好，问题还不大；一旦运营不善，就会成为第一家店的沉重包袱，严重时可能会导致两个店都陷入困境。因此，开设连锁分店时，一定要在财务上独立核算，绝不能影响第一家店的正常运营。

做好全年营销规划

一般来说，新店开业要经历亏损、持平、盈利这三个阶段。如果做好了全年的营销规划，亏损和持平的时间可能会缩短，甚至可能直接进入盈利阶段。相反，如果没有整体的营销规划，第一、第二阶段的时间可能会延长，三个月、半年甚至一年都有可能，最坏的结果可能是无法度过这两个阶段。现实中，很多经营者往往到了问题非常严重时才着急，甚至"病急乱投医"，造成无法挽回的后果。所以，建议经营者将营销规划当作一项重要任务来执行。

■ 连锁扩张的两种模式

开新店模式

开新店需要投资，因此需要解决资金的问题。解决资金问题有两种方式：一是用自己的钱；二是用别人的钱，就是找人投资。如果用自己的钱，就需要提前做好规划，在现有美容院的营收中划出一部分用于开新店，这部分钱积累到一定程度即可启动新店。如果选择找人投资，也需要提前准备，包括撰写新店的商业计划书等。可以在现有美容院中筛选有投资意识的顾客进行路演，吸引他们成为新店的股东；也可以在员工中进行路演，筛选适合的员工入股。

并购模式

在自身拥有成熟运营管理体系和优秀团队的情况下，可以考虑并购市场上那些要转让的美容院。

首先，需要制定并购美容院的标准。要转让的美容院通常存在一些问题，关键是要分析这些问题是否能够解决。可能存在的问题包括店铺位置、产品技术以及经营管理等方面。其中，最核心的问题就是这家店的顾客群体与自己的美容院是否相近或相匹配。如果顾客群体相近或相匹配，那就可以选择并购，因为产品技术和经营管理问题都是可以解决的。

我们可以采用股权置换的模式进行并购，即在无须支付转让费的情况下，为转让方保留一定股份，同时将自身成熟的运营管理体系复制到新店，实现快速扭亏为盈。

【实战案例】

■ 双模式同步，三年时间从 1 家裂变成 10 家

2016年5月至2019年6月，笔者全程策划、参与了郑州××美容连锁机构的连锁裂变项目。通过打造内部服务体系、管理系统和营销系统，该机构在当时成为当地美容师工资最高、顾客附加值最高的美容机构。此外，该机构还通过在顾客中招募合伙人开设新店，并采用并购的方式成功并购了郑东新区一家很有潜力的美容院。在并购后的一个月内，通过文化复制、管理复制、客情复制、流程复制、品项整合等措施，成功实现扭亏为盈。后续，该机构通过打造"豫派美业商学院"，导入美容院运营管理4.0系统，进一步推动了机构的发展。到2019年6月，该机构已发展到10家美容店规模，一举成为当地发展最快的美容连锁机构之一。

09

老大营销：从面积最大变成业绩最大

——— SECTION

老大营销是一种营销战略。

在任何一个行业、品类或区域市场中，"老大"都是一种稀缺性战略资源。通用电气原CEO杰克·韦尔奇曾说："第一重要的是做第一。"一旦成为老大，企业便在品牌、资本、市场、消费者心智等多个方面抢占了先机。老大在社会中具有天然的吸引力和公信力，于是，社会的天平向老大倾斜，有形的和无形的资源都会向其汇集，如政府的支持、合作商的厚待、消费者的选择等。甚至在招聘员工时，在同等条件下，人才也更偏向于选择老大企业。这不仅为企业的发展提供了有力保障，也大大增强了企业的抗风险能力。

简而言之，老大营销就是以成为市场老大为营销目标，通过一流的市场营销行为和措施，最终成为真正的市场老大。说一千道一万，老大的地位确实令人向往。然而，老大是做出来的，而不是靠规模大就能成为市场老大。老大讲的是业绩，讲的是销售额，讲的是真金白银。

老大营销同样适合美容院。

笔者在多年服务美容院的过程中发现，老大营销很少被运用，甚至有一些美容院在实力和业绩上做到了当地市场老大，但并没有把这种优势充分发挥出来。这是一件非常遗憾的事情。

■ 美容院实施老大营销的七大措施

如果美容院要实施老大营销战略，可以从以下七个方面着手。

做市场调研

美容院要了解所在的市场是否已经存在老大。需要注意的是，这里的老大是指在顾客群体中受到普遍认可的美容院。每一个地方都有规模最大、业绩最高的美容院，但如果它没有在顾客中形成广泛认知，就不能算是真正的老大。

如何判断是否存在老大？可以通过深入顾客群体进行调研，询问他们对本地美容院的看法。如果绝大多数顾客无法立即说出"某某美容院做得最好"，就说明市场还没有老大，这时我们就可以抢占先机，争取成为老大。

相反，如果绝大多数顾客都能脱口而出同一家美容院，就说明市场已经有了老大。此时，我们需要进一步观察这家美容院是否在运用老大营销策略，即是否在大力宣传自己是老大。如果它没有宣传，那我们还有机会通过努力取代它；如果这家店已经在大力宣传它是老大，也千万别灰心，我们还有机会做细分领域的老大。比如，我们可以成为"服务最好的美容院""美容师最稳定的美容院""某某项目做得最好的美容院"等。

审视自身资源与优势

审视自身资源与优势主要是评估自身是否具备成为老大的条件。例如店面积是否最大？床位是否最多？美容师数量是否最多？店内环境是否最好？位置是否最佳？店内项目品项品质是否最佳？美容师手法是否最好？售后服务是否最到位？企业文化是否最完善？……

如果自身具备了以上条件中的一条或几条，就可以去强化这些优势并进行宣传，逐步扩大影响力。如果目前不具备这些条件，也没有关系，我们可以创造一些优势。例如，将店内环境布置得更加温馨，成为"最温馨的美容院"；通过不断创造附加值，成为"增值服务最好的美容院"。总而言之，只要我们想成为老大，就会有机会和办法。

扩大营销宣传，让顾客认为我们是老大

在营销领域有一句名言："你是谁不重要，顾客认为你是谁才是最重要的。"要想成为真正的老大，必须通过宣传，让顾客认可我们的地位。我们可以通过多种渠道反复强调自己是老大，聚集这一核心诉求点，形成"天网、地网、人网"三位一体的宣传攻势。

锚定的顾客群体要大

顾客群体的规模是美容院成为老大的核心要素。只有拥有庞大的顾客群体，才能支撑足够的业绩。一般来说，美容院会将营销半径锁定在方圆1.5千米范围内。很显然，要成为市场老大，仅将顾客群体锁定在半径1.5千米是远远不够的。如果美容院位于省会城市，则应该吸引周边地市的顾客；如果美容院位于地市，则应该吸引所辖县市的顾客；如果美容院位于县城，则要吸引所辖乡镇的顾客；如果美容院位于乡镇，则应吸引所辖乡村的顾客。只有这样，才能真正坐实老大的位置。

明星品项系列化

作为市场老大，美容院仅靠一两个明星品项是远远不够的。所谓明星品项，是指那些具有高增长和高覆盖率的项目，如减肥瘦身、美胸、臀疗、面部排毒、芦荟灌肤、泡浴、艾灸等明星品项。如果店里的明星品项数量不足，那就需要对店里现有品项进行重新整合和优化，打造出5～10个明星品项。同时，要根据季节性对这些品项进行排序，逐个推广，从而形成明星品项矩阵。

推广落地方式大手笔

我们常说，一个人的思想要通过相匹配的行为方式来体现。例如，一个年轻有为的企业家与一个"躺平"的"啃老族"，在穿着打扮、言谈举止上肯定截然不同。

美容院也是一样的。一个立志成为市场老大的美容院，绝不能采用普通美容院的推广方式。普通美容院常见的推广方式可能是印制小卡片，让美容师在大街上派发或通过拓客团队售卖低价拓客卡（如9元、19元、29元）。而作为立志成为老大的美容院，推广方式肯定要更加高端、大气、有效。例如，可以制作大8开的折页或者精美内刊，投放在星级酒店、咖啡馆、茶馆等场所；或制作设计精美的贵宾体验卡，通过银行、保险公司、工会等渠道发放。

增值服务直追海底捞

美容院通常提供的增值服务包括提供免费糖果、点心、果盘、养生茶、养生粥、简餐等。然而，要想成为市场老大，我们提供的增值服务必须远远超越这些基础项目。例如，可以提供免费美甲、免费造型、免费搓澡、免费足部泡浴、免费咖啡、免费红酒等服务。此外，还可以每月举办一次以化妆、服饰、插花、茶道、亲子等为主题的魅力女人论坛。这些增值服务不仅能提升顾客满意度，还能让竞争对手无法跟进、无法模仿，更无法超越。能做到这些，就离成为老大更近一步了。

【实战案例】

■ 从面积最大到业绩最高

笔者曾经辅导江西宜春一家新开业的美容院实施老大营销战略。这家店面积约1200平方米，是当地规模最大的美容院。店内项目种类丰富，除了美容、养生项目，还有汗蒸、瑜伽等项目，也是当地项目最为齐全的美容院。由于宜春距离省会南昌和湖南长沙都比较近，部分高消费群体倾向于前往这两座城市消费，导致宜春缺乏规模大和档次高的美容院，尚未形成老大或领军企业。

在确定实施老大营销战略后，笔者策划了营销宣传造势、深度挖掘目标顾客群体、优化店内品项组合结构、增加增值服务、落地推广大手笔运作等系列措施。尤其是在市场推广层面，我们印刷了10万份8开折页，投放范围覆盖了宜春市区、3个县级市、6个县以及重点乡镇。同时，发动了约100名发单人员进行推广，声势浩大。结果，这家店迅速成名，成为宜春公认的规模最大的美容院，成功占领消费者心智。知名度的提升直接带动了销售业绩的增长，店内各个项目的销售额不断上升，甚至吸引了许多县城和乡镇的高消费群体在周末开车前来消费。

就这样，一家新开业的美容院通过老大营销战略，从一开始就确立了市场的老大地位，并理所当然成为当地业绩最好的美容院。

10

升级营销：快速突围摆脱经营困局

美容行业一直在随着社会经济、文化、科技的进步而不断发展。因此，美容院作为服务场所，也理所当然要与时俱进，不断升级迭代。一家正常经营的美容院，只要开业时间在3～5年及以上，就必须进行升级改造。

尤其是最近几年，美容行业经历了新冠疫情防控、直播电商、抖音团购等多重冲击。美容院需要通过更高水平的升级营销来跟上时代发展的步伐，否则，经营更容易陷入困境。

■ 美容院升级营销的内容

店名升级

千万不要小看美容院的店名。虽然只是简单的几个字，但它集中反映了时代的变化和行业的发展。

美容中心/护肤中心：这是在2000年以前大部分美容院的叫法，那个时候美容院的项目比较简单，店里都是大通间，摆几张美容床，只做面部的护理。

美容连锁机构：2000年以后，美容连锁机构逐步席卷全国，成为主流。大街上看到的美容院大多以"某某美容连锁机构"命名。

美容会馆/美容生活馆：随着身体护理项目（如卵巢保养、肾部保养、肩颈调理、胸部保养等）的兴起，美容院开始设置雅间（单人间和双人间），营造出小资情调。

美容养生馆：随着中医美容的普及，拔罐、刮痧、火疗、熏蒸、艾灸等中医理疗项目逐渐成为主流。以"调理亚健康"为主题的养生馆如雨后春笋般涌现。

美容养生会所：2010年左右，随着市场经济的纵深发展，会所经济应运而生。娱乐、餐饮等高端服务场所都被称为会所，美容养生会所也逐渐成为美容院的发展主流。会所开始提供淋浴、果盘、糕点、简餐等增值服务，并实行预约制。

皮肤管理中心：随着社会的快速发展，人们的生活节奏越来越快，以轻医美、高科技仪器为主的项目逐渐流行，如超声刀、水光针等，被称为快餐美容，成为新一代顾客群体（"80后""90后""00后"）的首选。

美容院老板们要注意了！看看自己的店名，就知道美容院处在哪个发展阶段了。赶紧对号入座，及时升级吧。

装修升级

装修风格是美容院定位与档次的体现。常见的装修风格有普通的简装，有比较国际范的欧美风，有体现服务到位的日韩风，有重在突出身体调理的东南亚风（泰式），有突出中医养生的古典风，有体现快餐美容的轻奢风，还有相对比较时尚的新中式风格。所以，美容院在升级改造的时候，要关注当下流行的装修风格以及未来趋势，不能闭门造车、随心所欲。

除了装修风格，店内的空间布局也需要注意。笔者在辅导很多美容院时发现，很多店有大量的面积被浪费，如接待厅设计过大，空荡荡的，既不能产生效益，又显得非常冷清。

自2020年以来，由于新冠疫情防控和整体经济增长缓慢，在装修方面重资产、大投入已经不合时宜，反而小而精的美容院更符合当前的发展形势。

盈利模式升级

在很长一段时间里，美容院的主要盈利模式是依赖顾客办理充值卡，也就是所谓会员卡，实际上是一种预付款模式。甚至到现在，还有相当多的美容院仍然采用这种方式。

然而，当前的情况是，整个社会的消费水平一再降级，推荐顾客办理大额度的预付卡变得困难重重。同时，预付卡的弊端也日益显现，顾客进店率越来越低，卡内余额消耗非常缓慢，有的顾客办理一张卡后，两三年都没有消耗完。卡内余额消耗不完，理论上顾客就不会进行新的现金消费。

最为严重的是，很多美容院起初在推广充值卡的时候，为了促成成交，给予顾客很大优惠，不仅送顾客很多礼品，还提供低会员折扣并额外赠送美容护理次数。这种做法将项目单价拉得很低，甚至可能导致微利或亏损。美容院为了一时的业绩不惜采取这种杀鸡取卵的做法，是很危险的，相当一部分美容院经营不下去就是由于这方面的原因。

所以，美容院升级过程中需要考虑盈利模式的转变，将传统的预付卡模式升级为高附加值、高性价比、高项目单价和高客单价的即时消费，回归到高质量发展的轨道上来。

品项升级

一是美容院里经营的品牌升级。有的品牌产品更新速度太慢，跟不上市场的变化。比如笔者曾在美容院见过一些品牌的产品包装还是十几年前的样式，显然已经过时，美容院需要重新引进有活力的品牌。

二是店内的技术升级。例如，店内的美容仪器基本上每年都需要更新迭代；店内美容师也需要不断学习最新的操作流程和操作手法，只有这样才能满足顾客需求。

引流升级

在短视频时代，依靠拓客人员去大街上一对一卖体验卡的方式已经过时。目前引流主要分为线上与线下两种方式，在线上主要是通过美团与抖音的团购进行引流，在线下可通过对接优质资源进行引流。引流并不难，关键是在于转化和留客，这依赖店内的服务和"拓留升锁"的方案。

顾客升级

一家美容院在一个地方开了几年之后，顾客群体就会在某种程度上固化，来来回回就是那么些顾客，对于团队管理和销售增长都会产生不利影响。因此，美容院还必须完成顾客升级。

美容院顾客的升级始于营业目标。如果你的年目标是千万元以上，那么必须有消费百万元的顾客；如果你的年目标是百万元以上，则必须有消费几十万元的顾客；如果年目标在几十万元，则必须有消费过万元的顾客。

这些顾客从哪里来？美容院需要"两条腿走路"：一是将现有的顾客升单，将消费不到100万元的顾客拉升到百万元以上，将消费不到10万元的顾客拉升到10万元以上，将消费不到1万元的顾客拉升到1万元以上；二是想办法吸引新的高端顾客，找到当地的高端资源，通过馈赠贵宾体验卡以及举办魅力女人讲座等方式进行转化。

【实战案例】

■ 升级营销战役，让美容院业绩再次翻番

郑州FC美肤原本主要依靠在本地一家媒体《今日消费》投放大量减肥

广告从而发展起来。然而，随着纸媒的衰落以及同行扎堆投放广告导致的内卷，经过两年的时间，该店业绩达到了瓶颈，再也无法突破。俗话说，不进则退。正是在这种情况下，笔者提出了升级营销方案。

围绕"懒"字做文章

随着中国社会快速发展，"懒人经济"应运而生。在当今社会，"懒"已经不是传统意义上的贬义词，而被赋予了更多时尚的概念。很多需要减肥的人都希望省事、省力，因此笔者将该店的减肥项目重新命名为"懒人减肥"，符合顾客群体的心理期望。

同时，笔者提出将店名从"FC 美肤"升级为"FC 懒人减肥抗衰老机构"，并且将店内的祛斑、祛皱、补水、养生、抗衰等项目重新命名为"懒人祛斑""懒人祛皱""懒人补水""懒人养生""懒人抗衰"，形成"懒人"系列项目，从而使该店凭借"懒人"概念脱颖而出。

实施"10 万顾客"计划

随着店内项目的升级整合，笔者在该店原定 200 万元年度营业额目标的基础上，制订了"保底 300 万元，冲刺 500 万元"的新目标。

目标提高了，如何实现成为关键。根据二八定律，必须聚焦 20%的高端顾客，那就意味着必须对顾客进行升级。如果店里拥有一批年消费在 10 万元以上的顾客，那 300 万元的保底目标就很容易实现了。正所谓"伤其十指不如断其一指"，与其每月不遗余力地拉高整体营业额，不如集中店里的精兵强将，有针对性地提升一批高端顾客的消费水平，将年消费数万元的顾客升级到 10 万元以上。笔者与店内人员制订了详细的执行计划，事先将年消费 10 万元以上的顾客目标定为 50 人。若成交30 人，年营业额就可实现 500 万元；若成交 10～15 人，年营业额就可突破 300 万元。同时，对筛选出的目标顾客进行详细分析，为每位顾客量身定制方案。

经过一年的努力奋战，"10万顾客"计划成功实施，年营业额突破350万元。该店老板兴奋地说："看来真的是没有做不到的，只有想不到的。有计划地去做和顺其自然地去做，结果就是不一样！"

11

竞争营销：打赢美容院"贴身肉搏"战

—— SECTION

我们通常所说的市场竞争往往并不是直接竞争。例如，同在一座城市开美容院，我在城南，你在城北；同在一个区域，你在这条街，我在那条街。虽然都是同行，但在顾客没有交集的情况下，基本上是"井水不犯河水"的状态。你做你的，我做我的，大家相安无事，各挣各的钱。

但是，在很多城市的街道或商圈，常常会出现"美容一条街"的现象，即美容院集中在一个区域。或者，一个地方开了一家美容院之后，隔壁或对面也开了一家美容院。在这种情况下，美容院经营者就不得不面对"贴身肉搏"的竞争。如果不考虑这种竞争，就可能出现"顾客不进你的店而进他的店，不在你店消费而在他的店消费"或"在你这里消费不在他的店消费"的情况。这就是古人常说的"此消彼长"或"此长彼消"。在这种"一消一长"的过程中，有的美容院可能面临倒闭而出局，有的美容院则会由弱变强、由小变大。

如何面对直接竞争

大部分美容院经营者都不希望附近有同行，尤其是有经营相同项目的同行。很多人在直接竞争对手出现后，会感到焦虑、恐惧、烦躁，甚至失去信心，还有的人甚至会采取极端手段试图挤走对方。这都是不可取的。

用积极的心态迎接竞争

一方面，竞争不仅是市场经济的特征和常态，更是促进行业进步与发展的重要因素。有了竞争，才会有更强的危机意识，才不敢松懈，从而精益求精。有了竞争，才有不断创新的驱动力，超越对手的同时，也是超越自己。另一方面，竞争也可以把整个市场做大。例如，市场的培育，尤其是顾客消费意识的培养，不是一家企业能够完成的。在美容行业，许多项目都是不断培育出来的，比如私密养护、眉眼唇私人订制、艾灸、泡浴、超声刀、水光针等都是从无到有、从小众到普及，都是业内同行努力的结果。就像大型商超因为商品丰富才能吸引更多顾客，虽然分蛋糕的人多了，但是蛋糕本身也变大了。

打造出自己的特色

虽然都是美容院，经营的主要项目相同，每一家也应该有自己的特色。例如，同样是减肥，减肥方式可以多种多样：你可以用仪器减肥，我用药包减肥，他用拔罐减肥，顾客喜欢哪一种方式就选择哪一家店；同样是艾灸，你可以是纯手工艾灸，我用温灸仪，她用随行灸的灸盒，顾客可根据自己的需求选择。所以，每家店都应有自己的特色与顾客群体。

加强自己的优势

每一家店都有自己的优势，最重要的是强化这些优势，把相对优势转化成绝对优势。通俗地讲，美容院的相对优势就是在某一个方面比其他店做得好，但是如果对方加强了优势，可能在短期内赶上自己；绝对优势就是在某一方面自己能做到，而对方在短期内做不到的。但是，无论是相对优势还是绝对优势，都会随着市场竞争的变化而变化。例如，郑州大同路曾经有一家美容院的优势是做植眉，最初是绝对优势，别人都不会做；两年后，店内一名员工离职并在对面开了一家店，也做植眉，价格更低，那么这家店就有了相对优势；而原来这家店老板在失去绝对优势后，专门外出学习，并花费数十万元采购当时最先进的设备，并且开了连锁店，从而重新获得了绝对优势。

美容院的竞争优势不仅包括产品和技术，还包括服务、管理、硬件、软件、人员、营销、培训等方面。有的老板擅长管理，经验丰富，就具有管理优势；有的老板擅长营销，经常策划比较有创意的活动，营销就成了优势；有的店面积大，店内设有会议室，每月举办"魅力女人讲座"，这也是优势（其他店面积小，举办类似的活动需要租场地，这方面就没优势）；有的老板是美容导师或美容讲师出身，擅长培训，推广新产品和新项目时很容易成功，这也是优势。

及时、精准地把握市场变化

经营美容院决不能"闭门造车"，一定要考虑市场因素和竞争对手的因素。同样一种营销模式，如果竞争对手先做了，那我们是否还能做呢？有的人一看别人做过了，就感觉再做没效果。事实上不一定，需要具体问题具体分析。

这就需要精准把握竞争对手的实际情况。如果对手做了，但由于执行力问题效果不好，顾客参与度不高，那我们就可以考虑做，只要把执行环节做好就能成功；如果竞争对手做得很好，周边大部分顾客都参与了，那我们再做就意义不大。

【实战案例】

■ 新店开业，先发制人日销万元

在河南省鹤壁市，刘女士在一处高档社区门口左侧租了一套 180 平方米左右的房子，计划开设一家美容院。她原本对这个位置充满信心，认为这里既有巨大的市场潜力又没有竞争对手。然而，没过几天，她发现社区大门右侧也有一家美容院在着手装修。经过打听，她得知对方租下了两套房子，面积是她的两倍，且对方原是鹤壁日化行业的龙头企业，拥有多年"前店后院"的经营经验，这次计划开设一家大型专业美容院。面对如此突如其来的市场变化，刘女士的心情一落千丈，于是专门找到笔者寻求对策。

在了解情况后，笔者进行了SWOT分析（包括优势、劣势、机会、威胁），发现只要抓住时机，刘女士完全可以取得竞争的胜利。尽管对手实力强大，也是新店开业，刘女士的店对于对方来讲也是威胁。在此种情况下，谁能更快出手、抢占市场先机，谁就能占据主动。笔者为此策划了"先入为主"的市场竞争策略。

第一步，时间竞争：赶在对手之前开业

刘女士的美容院所面临的是一场"贴身肉搏战"，要想完全取得竞争的主动性，首要任务是抢在对手之前开业。尽管对方的面积和规模更大，这反而成为他们的劣势：装修花费的时间更长，员工数量相对比较多，招聘的时间也更长。所以刘女士完全可以利用这一点赢得时间上的先机，掌握主动权。事实证明，对方在刘女士美容院开业两个月后才正式开业。

第二步，人才竞争：在招聘上占据优势

鹤壁市在整个河南省的地级市场中属于较小的一个，越小的地方人才越稀缺，尤其是美容行业的人才专业性较强，更是难找。所以人才的竞争作用凸显。如果刘女士能抢先招聘到大量美容师，对手的招聘压力就会增大。为此，笔者策划了多种形式的招聘活动，如在原有小店外张贴大幅招聘喷绘，在当地报纸和网络平台进行大规模招聘。招聘宣传中，刘女士的美容店被定位为"鹤壁市的美容航母"，旨在抢先在公众心中占有第一的

地位。虽然对手规模更大，但在装修阶段，消费者无法直观感受到这一点。所以就应了那句著名的营销格言："你自己是什么并不重要，消费者认为你是什么才是最重要的。"通过抢先宣传，刘女士成功吸引了大量应聘者。再加之，笔者设计的薪酬体系中，年终奖是一辆奇瑞QQ轿车，这样一来"奖励轿车"的口碑就在美容师圈子里迅速传播，甚至吸引了许多曾经离职的美容师回归。

第三步，开业活动：组合拳策略

由于刘女士抢先开业，虽然在时间上抢占了先机，但是也给开业活动带来了困难。如果活动参与门槛设置过低，可能会流失高质量顾客；如果门槛过高，又可能影响人气和员工士气。为此，笔者设计了组合拳策略，兼顾不同层次的顾客需求，设计了28元和128元两个套餐，分别针对低端顾客和高端顾客。28元的套餐包括冰膜变脸、水晶面部护理、眼部雕塑护理、面部防晒护理、芳香开背等项目，并赠送50元代金券。128元套餐包括芳香开背、颈肩调理、卵巢保养、熏蒸养生、肾部保养等项目，并赠送精油和100元代金券。两个套餐各有所侧重，28元侧重面部护理，128元侧重身体养生。

店内还设计了多层次的会员充值方案，针对一般顾客有680元、980元、1580元三档；针对高端顾客则有1988元、3980元、6980元、9800元、13800元、19800元、39800元、69800元不等的多档选择。这样下来，大大提高了成交率，开业期间达到了日销万元的良好效果。

第四步，老顾客的互动营销

刘女士原来小店内的一部分老顾客也是重要的营销资源，要充分挖掘利用。在新店开业前，笔者策划了以"新店开业"为主题的宣传造势活动；鼓励老顾客在新店开业前消费满1000元即可享受新店服务项目。同时，利用老店顾客资源，鼓励他们为新店介绍顾客。新店开业仪式上，邀请符合条件的老店顾客作为特邀嘉宾出席。对于部分因距离较远而犹豫不决的顾客，刘女士还推出了每次报销5元交通费的措施，有效防止了老顾客流失。

第五步，前后夹击对手

由于刘女士比竞争对手提前两个月开业，附近大部分美容顾客被吸纳过来。等到对手开业时，笔者同样策划了营销活动进行夹击：设置美容聚宝盆卡，金额分为500元、1000元、2000元和3000元四档，定位中档市场。因为高端顾客本就有限，已经被本店吸纳一部分，对手很难再争取更多的高端顾客，而中档顾客又受到夹击，使对手陷入尴尬的境地。

对手开业后，笔者又策划了外联营销活动。因为店面周围的顾客争夺空间已经不大，笔者设计了面值500元的外联卡，通过与金融机构、保险公司（刘女士作为某保险公司营销员，有这方面优势）、高档箱包专卖店、大型医院、学校等渠道合作发放。外联卡针对性较强，顾客凭卡进店可以免费享受一个项目。如果顾客进一步办卡消费，外联卡上的500元可以冲抵现金——不同于其他美容院仅让顾客体验与卡内金额等值项目的做法。

事实上，开美容院难免会遇到刘女士这种情况。有些地方的街道甚至聚集了几十家美容院，竞争不可避免。这本身并不可怕，关键在于要顺势而为、因势利导，将不利因素转化为有利条件。

■ 小美容院巧竞争，与"狼"共舞

河南南阳天成商场内有两家美容院，一家是小店（仅有5张美容床，3名员工），另一家是大店，规模是小店的4倍。面对实力悬殊的竞争，笔者为这家小店制订了"与'狼'共舞"的策略。

第一阶段：制造假象，引"狼"出窝

调研情况显示，商场的美容顾客基本上是被这家大店垄断。小店入驻，本质上就是要抢大店的顾客，分得市场的一杯羹。然而，如果按照常规情况，大店不主动开展大型活动，顾客资源会保持相对稳定，顾客就不会轻易流入小店。所以，第一步必须让大店动起来，让其释放顾客资源，小店才会有机会。

这就需要先制造声势。为此，笔者安排了几项措施来刺激大店。首先，小店在天成商场拉起条幅："××美容院热烈欢迎李东老师营销策划团队亲临南阳""欢迎美容院营销策划第一人李东老师来指导工作"。这样做的目的就是向大店传递一个信息：小店已经聘请了业内知名策划专家，准备大干一场。其次，小店继续拉起活动启动条幅："××美容院 10000 份购物券发行在即，欢迎免费领取"。如果说第一次的条幅宣传震动不大，那么这一次肯定会产生较大影响，即使大店能坐得住，顾客也肯定会动起来的。而顾客的反馈，大店不可能不重视。因为大店能够想象 10000 份购物券的影响力，就像康师傅近年来送出上亿瓶"再来一瓶"一样，足以撼动整个行业的力量。果不其然，一个星期以后，这家大店推出了"迎新年，重拳出击，五重美丽大礼包"活动，并开始发放宣传彩页。

第二阶段：趁势出击，与"狼"共舞

看到对方的活动已经出台，笔者指导小店出招。首先打出一种诉求："来天成做美容，多一种选择会更好！"从而明确告诉顾客，现在在天成商场的美容院不再是一家独大了，而是有更多选择。为了吸引顾客，笔者还策划了"空瓶换购"活动和幸运抽奖活动，大大增强了顾客的参与互动性。同时，为了在气势上占优势，笔者安排店里雇用了 30 名临时人员，让他们举着宣传牌、身上戴着绶带，在商场内外来回穿梭，在整体气势上压住对方。通过这一阶段的活动，这家小店抢走了对方一部分顾客，取得了阶段

性的营销胜利。

第三阶段：声东击西，店外抢客

通过第二阶段的活动，大店估计已经意识到了失误，再也不敢轻易搞活动了。但是，此时的小店已经占据了营销竞争的主动权。笔者指导小店一方面继续在商场内宣传免费发放美容券的活动，给对方造成假象，让对方误认为小店只是在商场内宣传活动，从而放松警惕。另一方面，笔者安排小店利用人员优势，在天成商场附近的社区和写字楼设点发放美容福利券，同时与附近商家如珠宝店、影楼、饭店、售楼部等开展外联营销，采取集中精力、各个击破的战术，在一周内，小店成功发放美容福利券500份，抢客500人次，让对手措手不及。

第四阶段：正面交锋，贴身肉搏

这一次，对手真的发怒了。他们意识到前期一直在中计，被牵着鼻子走。于是，他们准备变被动为主动，采取营销攻势。第一波推出了"1元抢购"活动，顾客只需要花费1元钱就能抢购洗衣粉、洗面奶、面膜等产品。对此，笔者策划了"进店送礼"活动，只要进店就送膜贴、手霜等产品。紧接着，对手又出台了"买100送50、买200送100、买300送200"的买赠活动，笔者则针锋相对地策划出了"买50送50、买100送100、买300送500"的活动，虽然其中一部分是代金券，但是从气势上看比对方更优惠。虽然这一次双方的厮杀不分彼此，但是对于小店来讲打平手就是胜利。

很多美容院经营者都不想身边有条"狼"，时刻对自己虎视眈眈。但是从另外一个角度讲，如果自己的店附近有个大店，未尝不是一件好事。与"狼"共舞，不仅能够提高自己的忧患意识和竞争意识，也能够促使自己快速成长，提高自己的经营管理能力。尤其是很多小店的经营者，一定要学会与"狼"共舞。

12

淡季营销：破解美容院淡季的噩梦

SECTION

"只有淡季的思想，没有淡季的市场"，这个道理几乎没有人不知道，但每年6月、7月、8月，炎热的夏季仍是美容院的业绩低谷。

在这里，笔者需要强调的是，所谓的淡季是相对旺季来说的。如果一家美容院从未有过旺季，那就根本谈不上淡季。

对整个美容行业来说，美容消费在夏季确实存在下滑现象，这是一个客观事实。因为护肤品大多是膏体，夏季天气炎热，如果在皮肤上涂抹太多膏状物，会让人感觉黏腻、不舒服。夏季也容易出汗，使用的护肤品容易因出汗而效果不佳。所以，护肤品在夏季的消费量大大减少。此外，人在夏季穿的衣服较少，皮肤裸露较多，而养生类项目如拔罐、刮痧、艾灸等会在皮肤上留下痕迹，这成为顾客消费的一大阻碍。还有熏蒸、泡浴、热灸等发热类项目，也会因为夏季顾客嫌热而降低消费频次。

但是，这并不意味着夏季美容院无所作为，或业绩必然下滑。任何事情都有其自身的规律及两面性：夏季既有相对不适合顾客消费的项目，也有相对比较适合消费的项目；虽然有顾客消费的障碍，但是也同样存在销售的机会，关键在于我们怎么想、怎么做。

聚焦应季美容项目

四季轮回是自然规律。水果蔬菜有应季，美容也一样存在应季项目。美容院在夏季到来之际，应该盘点好店内的夏季应季美容项目，如美白防晒、冰膜、补水保湿、脱毛、三伏灸、冬病夏治等，这些都是相对更适合夏季的消费项目。如果店内没有这些项目，可以适当加以补充；技术落后的可以引进最先进的；操作流程可以优化得更科学、合理；还可以选择其中的优质项目打造爆品。

加大拓客力度

美容行业曾流行过一句名言："淡季做拓客，旺季做业绩"。这句话虽然不是完全正确，但在某种程度上是有道理的。在无法提高店内现有顾客消费的情况下，对外拓客是一种不错的选择。因此，在夏季适当加大拓客力度是一种相对科学的策略。在老顾客进店率下降、店内每天客流减少时，将一部分精力转移到拓客方面是一种有效的统筹安排。

增强客情维护

这并不是说旺季不做客情维护，而是说在淡季可以把客情维护做得更充分、影响力更大。比如，往常客情维护可能只是美容师一对一的方式，而在夏季就可以策划大型客情维护活动，如红酒会、答谢会、旅游、亲子活动等，增强顾客黏性和互动性。

推行午休美容

夏季白天时间长，人的体能消耗比较大，身体容易疲惫，所以更需要午休。对很多具备条件的美容院来说，大力推行午休美容是绝佳的机会。

招聘培训美容师

这一点可能会让很多美容院感到困惑：夏季不够忙，业绩不够高，为什么还要招聘培训美容师？我们知道，古时打仗讲究"兵马未动，粮草先行"。正因为夏季不够忙，才有更多精力来练"内功"，实现内部流程化、标准化。笔者曾在夏季给一些大型美容院策划"美容师技能大赛"的内部活动，同时策划美容师之间评比服务人头、服务人次、项目连带等指标。通过这些活动，店内服务水平提高了，顾客满意度相应提升，业绩自然会有所增长。

【实战案例】

■ 午休美容专场引爆京城白领圈

笔者曾经为北京亚运村鸟巢附近的一家美容院策划夏季营销方案。这家店位于商务区核心地带，很多楼盘都是商住两用楼盘，聚集着大量职业女性。北京夏季炎热，午间气温屡破纪录，上班族就很容易犯困，而在单位里又无法很好地休息。因此，对于职业女性而言，在美容院里度过午休时间是一个不错的选择，既能放松身心，又打发了漫长而无聊的午间时光，还让自己收获健康与美丽，真是一举三得！

因此，笔者适时为这家店策划"午休美容专场"活动：顾客凭午休美容卡可以享受免费的中药熏蒸体雕瘦身、经络测试和时尚美甲服务。

在传播方面，笔者首先根据这一美容项目的顾客需求，将"午休美容"定位成"白领丽人，夏日午间好主意"。

这种定位给人一种意外惊喜的感觉，避开以往传统就产品说产品、就服务说服务的说教式传播。

传播渠道主要面向附近的高档写字楼，采取楼宇广告和电梯广告相结合的方式，确保目标顾客群高频次、无遗漏地接收信息。

让人意想不到的是，"午休美容专场"活动的推出让美容院短时间内引领了时尚潮流，北京一些高端消费网站还对此进行了报道，为美容院做了免费的宣传。通过这一次活动，这家店获得的不仅仅是利润，还有知名度、美誉度、影响力。

■ 锚定脱毛，拓客300名

笔者为郑州一家美容院针对E光脱毛项目策划了一场活动。当时也是应季需求，7月、8月是最热的时候，而天气越热，脱毛需求就越旺盛。该项目具备显著优势：一是脱毛项目成本很低，主要为设备电力消耗；二是受众群体广泛，覆盖年轻女性至成熟女性群体。然而，这个项目也是有风险的，当前市场同质化竞争激烈，但笔者经过调查发现，大部分美容院的营销采用硬广告投放甚至陷入价格战。所以，笔者决定指导美容院采用软文营销，标题设计突出"蜕变"等情感化关键词，结合生活场景化故事增强可读性。

经过一周的运作，这场活动吸引前来脱毛的客人300余人，收入5万多元。宣传方式采用报纸时尚版面和夹报相结合的方式，投入大约6000元。

13

节日营销：完成全年 80% 的业绩

SECTION

在市场经济时代，节日成为商业营销的重要契机。

在众多节日中，美容院可重点选择以下节点进行营销：元旦、春节、情人节、三八妇女节、母亲节、"520"、六一儿童节、七夕、教师节、国庆节、中秋节、"双 11""双 12"等，以及行业自有节点如粉红丝带月、开业、店庆等。总之，美容院要根据本店的营销计划灵活安排。

有的节日可以作为美容院拓客的机会，比如教师节、情人节、六一儿童节、七夕；有的节日可以作为回馈顾客拉进客情关系的机会，如母亲节、元宵节、护士节、建党节、建军节；有的节日可以作为美容院增长业绩的机会，像元旦、春节、三八妇女节、国庆节、中秋节、"双 11"、开业、店庆。

一般情况下，美容院全年只需聚焦四个核心营销节点：元旦与春节（距离较近或重叠的，按一个算）、三八妇女节、中秋节与国庆节、店庆，即可覆盖80%的业绩目标。

元旦与春节

元旦与春节作为年度交替节点，这个时间段算是年底冲刺业绩的高潮。因为这一年即将过完了，能不能达成、超越本年度的目标，关键就看这一次营销活动了。所以，美容院必须高度重视、提前筹备、精准策划并确保执行到位。

三八妇女节

三八妇女节作为女性专属节日，也是最适合美容院做营销的节日。而且，三八妇女节恰逢春天，是上半年关键的节日营销起点，直接影响全年业绩走势。

中秋节与国庆节

中秋国庆适逢"金九银十"消费旺季，是下半年业绩增长的重要引擎。

店庆

经营满一年的美容院多数会举办店庆活动。店庆不仅是美容院自身的重要纪念日，也是一次关键的营销契机。很多店都会把店庆的优惠力度做到最大，因为一年只有一次。

店庆日可能会与法定节假日重叠，这个影响较小。只要合理规划，全年聚焦四次大型营销活动，平均每个季度一次，即可实现相对科学的营销频率。频次过高容易导致营销过度，顾客会有疲惫感；频次过低则难以支撑年度目标达成。

■ 节日营销的要点

把握节日营销主题

每个节日都有其固定主题，但美容院需要进一步细化，结合当下时尚趋势和自身经营策略，设计更具针对性的营销主题。

精准把握节日营销的群体

不同的节日所针对的群体是不同的。例如，六一儿童节和母亲节聚焦亲子家庭，建党节、建军节可面向特定职业群体（如党员、军人及其家庭），其他大众节日则覆盖更广泛的消费人群。

确定节日营销目的

不同的节日，营销目的也会有所区别，有的是为了提升销售额，有的是为了引流，有的是为了增强顾客黏性，有的是为了打造知名度和影响力，有的则是为了新产品推广等。目的不同，营销方案当然也是不同的。

把握节日营销预算

预算需与营销目标严格挂钩：以销量为导向的活动应注重 ROI（投入产出比），确保利润最大化；而品牌推广类活动则需合理分配预算，以达到预期传播效果。

活动执行要灵活把握

在实施节日营销的具体操作过程中，需保持灵活性。营销活动不一定非在节日当天开始，可以提前预热、延后收尾，如同月有多个节日，可以整合或拆分策划。具体需根据筹备进度和店内实际需要安排。

【实战案例】

■ 情人节延长一个月，生意照样能爆满

郑州市一家经营三年的美容院曾在情人节前找到笔者，要求帮其策划情人节活动。笔者了解了情况后，建议将营销周期延长至一个月（2月14日~3月15日）。因为在这一个月内，有2月14日情人节、3月8日妇女节、3月12日植树节、3月15日消费者权益日四大节点。如果在这一个月内策划环环相扣的系列活动，效果会更好。

寻找天下幸福情侣，推广"爱情保证金计划"

爱情是人类永恒的主题，婚姻是其完美的载体。当热恋的甜蜜渐渐沉淀，情人节的激情归于日常，我们不禁思考：要如何守护这份爱的永恒？让相依的岁月，成为最好的见证。

以上是美容院在推广"爱情保证金计划"的宣传引导词。该计划的制订基于深入的顾客心理调研：不论年龄大小，顾客选择美容服务的深层诉求往往与情感维系密切相关。保持健康美丽是基础需求，而获得信心、增强魅力则能满足他们在爱情关系中的心理需求。美容院正是抓住这一心理契合点，通过满足顾客的情感需求，实现销售增长的目的，从而推出"爱情保证金计划"。

寻找天下幸福情侣，是推广实施"爱情保证金计划"的第一步。为此，美容院特推出以下活动方案：凡是在活动期间（2月20日~3月10日），情侣或夫妻（可出示双方合照或结婚证等证明）在本店消费满1500元，即可得到美容院发行的专属爱情充值卡一张。持此卡，美容院将在以后每一年自动为顾客充值50元，并为顾客购买一棵长青树苗，其可在植树节（3月12日）参加由美容院主办的"让爱生根"植树活动。

"寻找天下幸福情侣，推广实施'爱情保证金计划'"活动因立意新颖、富有社会意义，已吸引多家媒体进行新闻报道。一个好的活动主题，既能引发情感共鸣，又能创造商业价值，真正实现"四两拨千斤"的效果。

三八妇女节针对不同消费群体，策划层层产品促销，直接推动销售增长

消费者要想参加"爱情保证金计划"和"让爱生根"这样富有吸引力与纪念意义的活动，那就必须消费满1500元。这一设计既保证了活动的专

属价值，也有效提升了美容院销售业绩。如果说活动主题的意义在于引起潜在消费者的兴趣，那么产品的线上促销在于推动消费者完成购买过程。换句话说，产品的线上促销就是告诉消费者 1500 元到底能消费什么。

对于新顾客，美容院要求必须在活动期间一次性购买 1500 元以上的护肤品才能参加活动。但是，对老顾客呢？如果老顾客想参加，应该怎么办？如果再让老顾客购买 1500 元以上的化妆品，还有可能吗？所以，应科学设置差异化参与门槛，既能激励老顾客复购，又能体现会员等级权益。这个门槛的设置必须有根有据，切不可想当然。首先需要调查老顾客的消费记录，近 6 个月内累计消费 1000 元以上的老顾客，只需再消费 300 元即可参加此次活动；近 6 个月累计消费 500 ~ 1000 元的老顾客，只需再消费 500 元即可参加本次活动。产品的线上促销以推广美白、补水、颈部护理、眼部护理、美体减肥、防晒产品为主。基于气候变化的消费特征，3 月起将进入身体护理产品的需求高峰期。所以，这些产品在线上进行搭配促销，最为合适。

这样一来，整个促销活动变得富有张力，既有情感促销（主题活动），又有产品促销（优惠促销），二者相辅相成，形成完整的营销闭环。

实施"让爱生根"公益植树活动，大大提升美容院形象

"让爱生根"公益植树活动虽然只是前期"爱情保证金计划"的延伸活动，而且只是一个执行的过程，不涉及销售环节，但这是不可省略的。因为这是整个活动的高潮，是树立美容院良好形象的关键。这里有几个环节需要把握。①提前联系好相关政府部门，如宣传部、共青团委、妇联、市政部门、绿化部门。3 月 12 日植树节期间，由美容院提供树苗并安排植树人员，由绿化部门指定植树地点，这样一定会获得政府部门的大力支持，为活动造势。②提前联系好新闻媒体单位，如《大河报》《东方今报》《郑州晚报》《河南商报》、河南电视台、郑州电视台等。要达到形象提升的效果，媒体的

宣传报道是关键。③组织好活动秩序，包括顾客的组织、活动用品（树苗、铁锹、浇水工具等）的准备，并控制好活动仪式和现场秩序。

此次活动在提高美容院知名度、美誉度的基础上，带来了新一轮销售高潮，吸引了更多的新客源。

媒体广告优化组合，活动节奏主次分明

根据郑州市的媒体资源情况，美容院按照经济、有效的原则组合媒体广告投放。《大河报》在郑州地区拥有绝对优势，但是广告价格较高，于是就采用夹报的形式，有针对性地投放在高档小区。除了在《大河报》投放夹页广告，活动详细促销信息还在《郑州晚报》"时尚阵地"版块刊登。活动主题提示性广告采用交通路牌形式，在美容院周边两条主干道设置了20个广告位。

在软文广告的造势安排上，前期（2月20日～3月1日）的诉求重点为"寻找天下幸福情侣""爱情保证金计划""让爱生根"的主题概念阐述及意义延伸，后期（3月2日～11日）的诉求重点为"让爱生根"的活动阵势、场面渲染。

广告费用控制在1.5万元以内，再加上爱情充值卡制作费用和相关道具制作费用，活动总预算不超过2万元。

14

公益营销：好名声与好业绩同时拥有

在 2021 年郑州"7·20"特大暴雨期间，负债累累、濒临倒闭的鸿星尔克通过捐赠价值约 5000 万元的物资突然爆火，一举实现扭亏为盈，摆脱了经营困境。

这就是公益营销的力量。

公益营销是指企业以关心社会发展和民生福祉为出发点，通过公益活动与消费者沟通，在产生社会公益效应的同时，使消费者对企业的产品或服务产生偏好，并由此提高品牌知名度和美誉度的营销行为。

在美容行业，公益营销尚未普及，更谈不上发展完善。公益营销的成功案例也屈指可数，缺乏参照对象。美容行业如果能够运用好公益营销，会对品牌宣传起到四两拨千斤的效果。

实际上，美容院完全具备开展公益营销的条件。

■ 实施公益营销的步骤

找到公益营销的契机

做公益营销是需要契机的。抓住良好的契机，就相当于好钢使在刀刃上，能产生巨大的效应；反之，如果时机把握不当，不仅可能无法达到预期效果，还可能损害企业形象。

突发重大自然灾害，如 2021 年郑州"7·20"特大暴雨、2023 年 12 月甘肃临夏地震，期间美容院向灾区捐赠物资，就能起到很好的效果。

突发社会安全事故，如2014年12月上海外滩踩踏事件、2015年天津"8·12"爆炸事故、2022年河南安阳"11·21"特大火灾事故等，在关键时刻向遇难者家属捐助善款，可以提升美容院美誉度。

行业新闻事件，如被媒体曝光的天价美容事件、整形事故、美容机构跑路等同行爆雷事件，其实都是机会。

找到需要帮扶的群体或帮扶对象

需帮扶的群体包括儿童福利院的儿童、养老院的老人、农村留守儿童等，还可以扩展至城市的公共设施，如名人故居、纪念馆等人文历史景点，以及拱桥、纪念碑、雕塑等建筑。

确定公益活动内容

公益慈善常见形式为企业向需要帮助的群体和对象捐善款、捐物资，也可以开展直接具体的行动，如安排企业员工捡垃圾、打扫公共卫生、提供健康调理服务等。

对接相应的社会机构

根据具体情况对接相应的社会机构，如基金会、红十字会、儿童福利院、养老院、志愿者协会等。这些机构不仅可以助力公益营销顺利开展，还可以作为见证，增强可信度。

确定传播计划和传播媒体

公益营销不同于好人好事，并非"做好事不留名"，而是必须将企业做公益这件事情最大化传播，成为热点。这就需要确定传播计划和传播媒体，制定好策略。只有传播成功，公益营销才算成功。

【实战案例】

■ 针对留守儿童做公益，美容院吸引500名顾客

湖南发生的一起留守儿童事件曾引发全国关注：一位独居奶奶在照看1岁孙女时不慎滑倒意外身亡，幼童被压在奶奶的身下长达一周后获救。这起触目惊心的悲剧，使留守儿童顿时成为社会关注的焦点。

对孩子的关爱，是作为母亲的女性最深的一种情感，而母亲群体正是美容院的目标顾客群体。基于这一社会热点，笔者为湖南常德的一家美容院策划了一场主题为"关爱留守儿童公益慈善会"的公益营销活动，取得了显著的社会效益和经济效益，不仅让这家美容院迅速成为当地知名度最高、美誉度最好的美容机构之一，还成功吸引500名潜在顾客进店消费。

社会单位集体发动：准确而集中

举办"关爱留守儿童公益慈善会"这样的大型户外活动，必须联合社会联盟单位，因为"独木难成林"，只有借助多方的力量，活动才能更具影响力。鉴于此，笔者首先指导美容院联系当地的共青团区委，由共青团出面作为会议活动的主办方，增强了活动的权威性和可信度。随后，凭借共青团区委所开的介绍信，进一步与学校及机构展开合作。

笔者将社会联盟单位锁定学校及培训机构，不仅选择了常规的中小学，还涵盖各类培训机构，如音乐、舞蹈、跆拳道、智力开发、作文等培训班。学校是人员高度集中、传播高的场所，而培训机构在此次活动中发挥了关键作用。第一，培训机构的学生们很积极地配合主办方，这是他们展示自我的一个机会，学生表演的节目可以让活动更热闹、精彩；第二，许多学生家长具备较高的文化和素质。通过学校的参与，确保了活动现场的高人气，为活动的成功举办奠定了坚实的基础。

活动前后，立体式的宣传轰炸

要想把活动的影响力最大化，前期预热和后续传播非常重要。笔者牢牢把握了这一点，在活动筹备期和结束后，通过报纸、电视、网络、传单、店内海报等渠道展开立体化推广。特别策划的关爱留守儿童倡议书《聆听花开的声音》，一经发表迅速引发社会各界强烈反响，热心人士的咨询电话激增，许多知名企业主动联系，要求参与。活动现场，各路媒体记者全程跟拍报道，特邀媒体代表进行公益主题演讲。活动结束的当天，当地电视台播出专题新闻，并采访了承办方美容院的董事长。通过宣传，美容院的品牌形象得到了大幅提升，宣传效果立竿见影。

充分调动老顾客的影响力

俗话说："借力使力不费力，借脑用脑没烦恼"。借助店内原有的顾客群体，发动老顾客带新顾客参加活动，是整体策划中的一个关键环节。笔者为美容院策划推出了"老顾客带一个新顾客奖励500元消费券"的政策，活动当天，老顾客带来的新顾客大约有50人，而且新顾客成交率高达90%。

现场节目丰富多彩

本活动地点是在当地最热闹的商业广场。在这样的地点，如果节目质量不高、没有看点，是无法吸引观众的。此外，由于活动主题是公益慈善，活动本身既要体现充足的公益性和慈善氛围，也要兼顾商家所追求的商业氛围，即经济效益。这个平衡点必须拿捏得恰到好处。所以，笔者在节目安排上精心策划，内容丰富多样，包括孩子们的才艺表演、赞助单位的团队展示、留守儿童诗歌朗诵和小品表演，还有励志演讲、抽奖活动（凡购买爱心卡的都可以上台抽奖）以及爱心天使颁奖等，现场还布置了大量关于关爱留守儿童的系列宣传展板。

活动方案：提高附加值

在此次活动中，为了吸引顾客参与，笔者为美容院策划了套盒产品的拍卖以及价值1168元的爱心卡销售两项活动。爱心卡包含价值380元的全身皇室贵族养生护理2次、价值380元的面部抗衰魔力炫护理2次、价值380元的香薰密语奇葩护理2次以及一本感恩励志书《点燃工作激情》。凑巧的是，《点燃工作激情》的作者也是本地人。作者在现场为书签名，这一举措为活动增加了一大亮点。现场售出爱心卡500余张，获得收入将近3万元。加上拍卖产品获得的将近2万元收入，共计近5万元。所有收入由公证机关交给某所学校的一群留守儿童。

后期追踪：趁热打铁

只有当500多名购买了爱心卡的人进店享受赠送的项目，并有机会被转化为店内的消费顾客时，才能算公益营销的真正成功。所以必须未雨绸缪。笔者安排美容院对后期潜在客户的追踪话术和一系列店内留客方案进行了精心准备。凭借前期塑造的良好形象和口碑，结合后期严密的跟进策略，进店率达到了90%。

"关爱留守儿童公益慈善会"不仅让美容院实现了扩大知名度和美誉度、吸纳新客源的目的，还起到了锻炼团队、提升影响力的作用。多数美容院选择投放广告、发传单或举办线下促销活动，但影响力、知名度、美誉度还是提不上来，很大一部分原因就是缺乏公益营销活动。

15

隐性营销：让竞争对手无法模仿

笔者撰写的《一场后发制人的促销保卫战》美容院营销案例，在《医学美学美容（财智版）》发表后，相继被中国营销传播网、全球品牌论坛、中国美容网等多家媒体转载。笔者当时收到众多美容行业从业者的来信，他们针对该文中的一些促销内容提出了质疑。其中具有代表性的问题是关于促销方案的成本核算："李老师，在《一场后发制人的促销保卫战》一文中提到'消费满480元即赠送380元的格兰仕电磁炉，消费满780元即赠送25英寸名牌彩电一台，消费1000元以上赠送惊喜大礼格兰仕电磁炉+高级DVD一套'，我想请教的是，美容院的利润从哪里来？"

这实际上涉及隐性营销这一专业营销策略。就像我们在大街上或者在微信朋友圈可能会看到很多促销力度较大的信息，如"送豪车""满3000元送3000元"等比较诱人的促销活动。

微信朋友圈曾经流行这样一句话："你所看到的是人家想让你看到的。凡是人家不想让你看到的，都被隐藏起来了，那些被隐藏起来的才是真相。"

■ 美容院该如何做隐性营销

营销噱头的隐藏

营销需要噱头，就像战争和革命讲究师出有名。例如，参加国庆活动就送价值2980元的两天三夜港澳游或三亚三日游。实际上旅游本身的费用较低，但这些旅游过程中会穿插参观一些提供赞助的企业。这些内容，商家是不会宣传出去的。

营销套餐的隐藏

营销套餐的设计通过隐藏细则增强吸引力。从表面上看，这些优惠套餐似乎非常超值，但实际上这些活动都有明确的细则。笔者曾为一家美容院策划过"1元美容"：只需1元，即可享受价值6132元的美容护理（仅限2008玫瑰卡）。价值6132元的美容护理包含了以下内容：

（1）半年的玫瑰保湿护理(128元/次)，价值3072元；

（2）10次眼部护理（198元/次），价值1980元；

（3）价值780元的香蔓迷你套装一套和300元代金券。

实际上，顾客要参加"1元美容"活动，需要先支付998元办理2008玫瑰卡。1元与6132元的对比，形成了强烈的冲击力，让顾客怦然心动，纷纷购买2008玫瑰卡。最后统计结果显示，在活动开展的一周内，美容院共销售了50张2008玫瑰卡。

活动稀缺的隐藏

为了增强顾客购买的紧迫感，笔者在为美容院策划促销活动时，通常都会采用"限定名额"与"限制时间"两种策略。此外，还对顾客群体进行限制。笔者初入美容行业时，曾经策划了一项名为"幸运53"的活动方案。活动限定的顾客群体包括：年龄为53岁的女性、孩子年龄为3岁或5岁的母亲、家有小学3年级或5年级孩子的女性、结婚3年或5年的女性、大学毕业3年或5年的女性。第一，这样的顾客群体都是美容院目标客户；第二，是为了营造一种幸运的氛围，让顾客感受到活动的独特性，不是谁都可以参加的。

【实战案例】

■ 超强隐性营销，让美容院翻倍盈利

这是笔者为重庆市渝中区的一家美容院策划的营销方案。该店位于美容美发店密集的商圈，周边营业面积100平方米以上的美容院就有近20家。经过笔者的精心设计，该美容院推出了一波又一波以打造"超强震撼力、超强诱惑力、超强吸引力"为标准的促销浪潮。这些精心设计的活动背后都隐藏着巨大的利润空间，让美容院一举摆脱了经营困局，不仅收回了开店成本，还实现了翻倍盈利。

第一波：物质利益隐藏的诱惑力

活动宣传：满800元奖600元，满1000元奖800元，满1800元奖1600元。

看到这个促销宣传，很多人可能会质疑"美容院还会有利润吗"。答案就在美容院的具体做法中。

活动细则分三步：

第一步，消费满800元奖600元。即消费满800元后，顾客有两种选择：一是领600元奖券，以后消费满1000元后可抵600元现金；二是参加"满1000元奖800元"活动，即再消费1000元就可以获得800元奖券。

第二步，直接参加"满1000元奖800元"活动。即消费满1000元后，顾客有两种选择：一是领800元奖券，以后消费满1200元后可抵800元现金；二是参加"满1800元奖1600元"活动，即再消费1800元就可以获得1600元奖券。

第三步，直接参加"消费满1800元奖1600元"活动。消费满1800元后，顾客可直接领1600元奖券，以后在美容院消费满2000元后可抵1600元现金。

总体看来，美容院通过这个活动获得的利润是很可观的。但是，如果我们孤立地看这三步促销中的任何一步，美容院几乎没有利润可言。另外，促销赠品配合了品牌厂家的活动，也就是说，美容院进货达到一定数量后，600 元奖券、800 元奖券、1600 元奖券都以厂家的配赠品来兑现。这样一来，美容院的利润就更加可观了。

隐性分析

这个以产品优惠为主要内容的促销，实际上隐藏了各个促销活动项目之间的关联性，将消费者引导至单纯关注令人心动的优惠方面。在活动执行过程中，当顾客真正了解每一步促销之间的关联后，多数人都能理解，也由此打消了顾客心中有可能出现的"美容暴利"的疑虑。

第二波：极限隐藏的爆破力

活动宣传：1 元减肥。

活动细则：只要花 1 元，顾客即可购买美容院的减肥新品，并在美容院免费体验专业减肥服务。活动仅限使用首批精装版的减肥按摩膏，每人仅限 5 盒，活动期仅限 3 天。

在成功实施了前一个促销活动之后，美容院希望进一步扩大消费群体，同时推广店内的一个减肥新产品。"1 元减肥"策略就是为了以价格为利器，降低减肥门槛，先将减肥产品的效果通过扩大化的人群传播出去。因此，活动确定了"三限制"策略；限制产品——仅限使用首批精装版的减肥按摩膏；限制数量——每人仅限购买 5 盒；限制时间——活动仅 3 天时间。

隐性分析

这个促销活动的奥秘就在于打破了其他减肥产品的价格底限，降低了减肥门槛。因此，该活动在吸引和扩大消费人群方面可以说是产生了爆破力，不管收入高低，很多人都想到美容院体验一下"1 元减肥"。而通过产品限制、数量限制和时间限制，可以让顾客持续消费，增加产品经济增长点。

　　隐性营销的最大优点就是宣传的吸引力和利润的隐蔽性。采用隐性促销策略，一方面，能够让顾客顺利消费；另一方面，使得竞争对手难以掌握本店的促销动向，由此也就难以制定出有针对性的反击策略。通过这一系列促销活动，重庆这家美容院在短短一个半月的时间里实现了17.2万元的销售额，总宣传费用只有18000元。

16

时间营销：让美容院每一分钟都在创造利润

———————————————— SECTION

"时间就是金钱"，其实，时间也是商品，诸如快餐店、快速印制名片、快速扩印照片、快速刻印等，因为能帮助消费者节省时间，所以深受大家欢迎。随着现代生活节奏的加快，"时间是个好商品"这一理念正被越来越多的人认同，商家也在时间上大做文章。

美容院能不能充分利用时间来做营销呢？笔者之前走访了全国众多美容市场，发现很多美容院浪费了大量时间。

在广东、广西的南部城市，由于夜生活丰富，很多美容院夜间营业至凌晨，这本来是好事，但是第二天开门时间过晚，有的甚至十二点才营业，相当于浪费了一上午的时间。

随着社会的发展和科技的进步，人们的生活节奏越来越快，时间也相对越来越宝贵。美容院很有必要学会利用时间进行营销。

围绕省时

美容院顾客中，职场女性一般占相当大比例。她们从事各种各样的工作，时间比较紧张。所以，美容院要以顾客为中心，去想办法满足顾客这方面的需求。很多美容院都反映顾客进店率不高、难邀约，一问顾客就说没时间。这固然是顾客的一种借口，但也反映出一种真实需求。如果美容院能够围绕为顾客省时下功夫，则既能帮顾客安排好时间，又不耽误护理，岂不是一举两得？

围绕超时

美容院服务需要标准化，从顾客进店开始，每一个环节都要有明确的时间要求，如接待、换鞋、淋浴以及每一项护理操作都需要规定时间。然而，在现实中，严格执行标准的美容院并不多见。因此，美容院可以围绕这一点来开展工作，对内起到规范的作用，避免美容师服务操作超时。如果超时，不仅浪费顾客的时间，还会严重影响美容院的翻台率。

围绕填时

所谓填时，就是填补空档的美容时间段。在这个时间段内，针对特定的顾客群体和服务项目，推出特别的优惠政策。笔者曾经在湖南常德为一家美容院策划专门针对家庭主妇的"早间美容"，专门填补上午10：30之前的空闲时段，设计了极其优惠的酵素浴和足浴卡，这些项目不影响正常的美容护理。

围绕定时

定时是指在固定时间段提供某项服务。很多大型美容院都设有汗蒸房，而汗蒸房需要通电。笔者在某美容院发现，每天来汗蒸的顾客数量并没有那么多，有时甚至不到10个，但汗蒸房要通电一整天，这显然造成了大量的浪费。于是，笔者就为该美容院策划了定时服务，比如每周集中安排一天开放汗蒸房，将需要汗蒸的顾客都集中在这一天。这样一来，每周为美容院节省了6天的电费，一个月就能节省24天的电费。节省下来的电费可以用于为顾客提供更多的优惠。

围绕延时

有一些顾客，他们很想做美容护理，但是在白天确实抽不出时间，等他们有时间了，美容院已经下班了。站在顾客的角度，美容院可以为这一小部分顾客推出延时服务，例如，将营业时间延长至凌晨，这不仅能感动顾客，还能赢得良好口碑。

【实战案例】

■ 充分发挥时间营销，美容院金钵满盈

笔者曾为西安市长安区一家美容院策划并实施了时间营销四张牌策略，使其在短时间内实现业绩的快速增长。

第一张牌：省时美容

笔者策划在美容院附近一些高档小区的广告牌进行"省时美容"的宣传推广。"省时美容"服务项目主要针对夏季需求，操作相对简单，例如眼部护理、颈部护理、美白防晒等。夏季身体裸露面积较多，人们会更重视这些护理。同时，为了配合推广实施"省时美容"，笔者建议，对美容院的营业时间进行改革创新，可将开门时间改为早 7:30，员工分组轮流值早班。

"省时美容"推出以后，该美容院的营业额比原来增加了三分之一。

第二张牌：闹钟美容

笔者调查后发现，该美容院的顾客大多是时间观念非常强的白领，服务耽误几分钟，他们就很不满意。针对这一情况，笔者提出了"闹钟美容"方案，即在每张美容床的床头设置一个小闹钟，用来计算顾客进店后每个环节、每项服务所用的时间。如果顾客躺在美容床上 1 分钟内仍没有美容师来服务，美容院将以优惠的方式补偿顾客。此外，如果由于美容师技术存在问题或手法不熟练，致使护理时间不足或超过规定时间，美容院将以免费服务或赠送产品的方式补偿顾客。

顾客对这一新措施都非常感兴趣，该美容院很快在小区出了名，吸引来了很多顾客。同时，"闹钟美容"充分调动和发挥了顾客监督作用，提升了美容院的管理水平，进一步强化了美容师的服务意识，提高了服务技能。

第三张牌：夜间美容

在西安，许多金领阶层由于生意和事业的需要，晚上的应酬或工作比较多，尤其在夏天，夜生活更加丰富，他们睡得更晚。笔者认为，这里也应该存在很大的商机，关键在于如何挖掘。

鉴于此，笔者为美容院策划了比较另类的"夜间美容"，以满足一部分顾客夜间美容（延长至凌晨）的需求。美容院一般都在21:00左右停止营业。但是，往往有一小部分顾客因为夏天晚上时间充足，希望在21:00以后进行美容护理。虽然这类顾客数量不是很多，但是总能给美容院带来业绩。这样的尝试为美容院在淡季额外增加了一部分营业额，使美容院因此而更具特色。

第四张牌：填时美容

笔者通过对店内主要顾客群体的分析发现，周六周日进店消费的顾客大幅减少，原因是很多顾客周末需要陪孩子，无法来美容院做护理。与此相反，孩子的奶奶或姥姥大多是在周一至周五主要负责接送孩子，周末反而有空闲时间。为此，笔者专门设计了一款"周末孝心卡"，专门为孩子奶奶或姥姥提供周末保养服务。这张卡不仅价格实惠，还能让子女表达孝心，填补了美容院周末顾客少的空白。

事实证明，西安市长安区这家美容院通过巧打时间营销四张牌，在时间上做足文章，成功实现了业绩倍增。

17

线上营销：不做线上就没有未来

SECTION

马云曾说，未来不会再有一个行业叫互联网行业，因为所有的行业都会用上互联网技术。

美容行业也不例外，美容院尤其需要借助互联网进行营销。美容院的线上营销也随着互联网技术的发展而不断演变。

■ 美容院线上营销的阶段划分

整体来说，美容院的线上营销分为PC端和移动端两大阶段。

PC端阶段

在移动互联网兴起之前，人们主要用计算机上网。当时的美容院主要通过以下几种形式进行互联网营销。

（1）美容院网站。对美容院的地址、电话、环境、人员、产品、技术、服务及最新动态进行全面展示。

（2）美容院QQ。QQ是美容院与顾客的线上沟通工具，顾客可以通过QQ群实现线上预约，美容院可利用QQ空间展示美容院动态。

（3）网络团购。通过与团购平台合作拓展客源。

（4）博客论坛。作为美容院与顾客互动的主要平台，顾客可以通过反馈真实的信息，促使美容院改进。

移动端阶段（移动互联网阶段）

随着智能手机的普及，尤其是微信的普及和各种App的兴起，我们进入了移动互联网时代。移动端阶段的线上营销包含以下形式。

（1）微信营销。美容院可通过添加好友、发朋友圈、发布公众号推送、发视频号等方式进行营销，并借助社群管理实现顾客裂变。

（2）线上团购。目前主要以美团和抖音为主，尤其是抖音团购通过短视频展示，将线上团购带入新的时代。

（3）自媒体传播。如今，自媒体传播已经形成百家号、头条号、企鹅号、知乎、微博等信息流矩阵。

（4）直播。美容院可以通过抖音、快手、视频号、小红书等平台进行直播。

■ 美容院线上营销把握点

随着互联网对人们生活的影响日益加深，美容院必须转变观念，积极拥抱互联网。当前，美容院开展线上营销应主要把握以下几点。

搭上团购这趟车

尤其是以短视频为主要形式的抖音团购，自上线、逐渐普及以来，仍处于红利期。团购是美容院线上引流获客的最直接方式之一。

团购需注意以下几个要点。

（1）设计有吸引力的套餐方案，不仅要价格优惠，还要突出自身特色，因为在团购平台上，顾客的选择非常多，没有特色就没有竞争力。

（2）对通过团购而来的顾客，要制定专业的接待与服务流程。很多美容院开通团购后发现顾客转化率不高，主要原因在于缺乏针对性的店内流程。应根据线上营销的引流、截流、回流属性，设计相应的接待与服务流程。

（3）学会借力发力，即通过"达人探店"的形式与当地"网红"合作，因为"网红"本身带流量，能起到很好的引流作用。但选择合作对象时，需要有选择标准，确保"网红"的类型及其粉丝群体与美容院的目标顾客相匹配。

利用小红书吸引年轻时尚的消费群体

小红书是新一代年轻人的生活平台，以"90后""00后"为主，被营销界称为"强种草"平台。美容院推广新的美容项目时，应先在小红书平台进行"种草"。"90后""00后"等年轻消费群体了解新事物时，往往优先参考小红书而非百度。

将直播打造为一对多的销售模式

自2020年起，受新冠疫情影响，直播也被美容院运用于一对多的销售。

（1）选择合适的直播时机。对于美容院而言，引进新产品、新技术，举办大型促销活动或主推明星产品的时候，都非常适合直播。

（2）选择适合的时间段，需要依据美容院大部分顾客的时间安排。例如，若大部分顾客为职场女性，则应避免在工作时间直播；若大部分顾客为家庭主妇，则应避开接送孩子的时间段。

提高拍摄水平

如今开展线上营销，拍摄短视频、图片必不可少。劣质作品不仅缺乏吸引力，也难以获得平台推荐。在无须聘请专业人员的情况下，美容院可自行更新拍摄装备或参加线上拍摄剪辑课程进行学习。

【实战案例】

■ 精准策划团购，一个爆品售卖1000单

笔者曾为河南郑州一家"楼中店"型美容院策划线上营销。鉴于其为楼中店，笔者就将重点放在了线上营销，特点是网络团购的优化上。

选择时尚新潮的项目

在团购平台上选择何种项目成为美容院首要思考的问题。考虑到线上主要群体为年轻女性，以及美容院的服务接待能力和服务成本的把控，笔者最终决定选择"韩国小气泡"项目。因为"韩国小气泡"在当时不仅是一个新流行的项目，而且是使用仪器操作，降低了人工成本，提高了接待效率。

设定合适的价格

价格设置既要考虑市场行情，又要利于成交。根据调研，将"韩国小气泡"项目团购价设定为118元3次，略低于市场平均价格。设定3次服务主要是为了提高顾客的体验感和成交率，因为一次体验可能不足以让顾客充分了解项目。

明确预约规则

所有参与团购的顾客需要提前一天预约，这一规则在发布团购时就要明确告诉顾客。预约的目的在于实现错峰，避免新老顾客同时到店导致服务质量下降。此外，美容院还应在店内进行相应的安排和布置。比如针对团单来的顾客，要先安排参观美容院，通过讲解加深顾客对美容院的了解，从而增加顾客的认可度。

设置幸运抽奖环节

告知所有团购顾客可以参加免费抽奖，且中奖率为100%。对于顾客来说，这是一个惊喜，因为线上团购通常不包括抽奖环节。对于美容院来说，这增加了"截流"环节，通过在抽奖内容中设置针对性的项目体验，可以挖掘顾客在其他方面的需求，从而避免了顾客体验完团购项目就流失的情况。

运用"3721"法则做售后跟踪

"3721"法则即顾客在美容院体验服务后的第3天、第7天、第21天，分别由美容师、前台/顾问、店长/老板对其进行跟踪回访，回访的内容因回访者身份不同而有所侧重。实施这一法则旨在促进顾客回流，激发复购行为，从而实现真正的转化。

由于考虑周全、执行细致，团购销量达1000多单，价值10万余元，店内的转化成交率达到了11%，使这家楼中店型美容院凭借网络团购历史性地实现了月收入突破20万元的良好业绩。

18

外联营销：美容院突破营销瓶颈的利器

SECTION

在社会发展到万物互联的今天，外联营销理所当然成为高质量营销的一种方式。

就美容行业而言，外联营销由最初的异业联盟演化而来，简而言之就是美容院联合外部的一些企事业单位促进销售的一种活动，共享各自的客户资源，从而达到各自的营销目标。

中国经济进入高质量发展的新阶段后，笔者对美容院外联营销提出了"融合不整合，跨界不打劫"的新观点。之所以提出这个观点，主要是基于前些年社会上曾经风行"整合资源""跨界打劫"的做法。"整合资源"与"跨界打劫"都是以"我"为中心，从"我的"利益出发，都是利己思维。这种想法与做法显然已经不符合当前的发展形势。

河南省郑州市曾经有一家美容院只做外联营销，专门组建了做外联的营销团队，而且做到了极致，不仅快速发展了连锁分店，也成了当地美容院的标杆和做外联营销的典范。

■ 美容院实施外联营销的五大步骤

第一步：盘点外联单位和外联资源

巧妇难为无米之炊。要做外联营销，首先要有外联单位和外联资源才行。美容院盘点可以从两大方面入手：一方面是美容院附近的商圈，看看都有什么样的单位、什么样的商家，全部列出来；另一方面是对店老板和店内员工的人脉资源进行盘点，也全部列出来。

第二步：有效筛选外联单位和外联资源

毋庸置疑，在第一步盘点出来的外联单位和外联资源的名单大多数不一定有效。有效无效该如何判定呢？这就需要一个选择的标准，而标准主要是人。这里所说的人包括两种：一种是这些外联单位员工有多少是女性，处于哪个年龄段；另一种是这些商家的客户是什么样的群体，属于什么行业，什么样的层次。考虑这些问题，主要是确认是否与美容院潜在顾客群体相匹配。

第三步：设计体验卡方案

美容院要先确定体验项目的内容。笔者建议，这些项目要以突出本店特色为主。只有将特色展示出来，才能吸引顾客进店。此外，根据不同外联单位的需求，体验上的价值感体现也应该不同。体验卡的金额可以是300元、500元、1000元或2000元。

第四步：制作配套物料

体验卡一般采用银行卡形式的PVC材质。为了提升其珍贵感，还应配备一个卡包，就像参加喜宴要用的红包一样，既显档次又具私密性。此外，为了增强说服力，还要制作一份相配套的小册子或者折页，内容包括美容院的详细介绍、特色项目的介绍及适用群体等。

第五步：执行细节到位

外联营销要想做成功，前期关键在于与外联单位达成合作，后期则需要执行到位，尤其是落地执行环节，细节至关重要。例如，给一个单位的女职员发放贵宾体验卡时，不要直接说美容院免费送的，而是说这是单位采购的，专门作为三八妇女节福利发给女员工。这样既能为外联单位赢得好感，又能使女员工更加珍惜体验卡，从而提高到店率。

再比如，与商家联合，向其店内顾客发放体验卡，消费满1000元赠送美容院贵宾体验卡一张，这既能帮助商家提升顾客消费，又能为美容院拓客引流。但是，如果商家店内没有美容院的宣传物料和样品，或者消费满1000元没有明确凭证，就很难保证效果和顾客质量。

【实战案例】

■ 价值300元的教师节福利，拯救濒临倒闭的美容院

郑州市一家美容院曾经求助笔者，原因是这家美容院开业半年了，每月营业额不到1万元，快要支撑不下去了。通过调研发现，美容院附近有两所学校，一所是小学，另一所是中学。老板的家属在街道办工作，与这两所学校的领导有交集，而教师节又即将来临。于是，笔者率先策划了针对这两所学校的外联营销活动，一举扭亏为盈。

锁定特色项目

这家店老板一直在努力，不久前刚引进了一个特色养生项目——蜂疗。笔者便锁定了这个项目，因为蜂疗的特点是一次见效，体验感良好，尤其是对肩颈腰腿疼有显著效果。而这一点，恰恰符合教师这一职业常见的职业病——肩颈疼痛。

发放300元贵宾体验卡

鉴于项目的特色以及附近的平均消费水平，将体验卡额度设定为300元，属于比较平价的价格。因为这家店规模较小，只有100多平方米，暂

时不具备高端的服务条件，如果把体验卡金额定得过高，顾客会有落差，反而适得其反。

学校以往发放的福利基本都是吃喝用方面的，而这一次发的是健康调理。对于校方来说，这不仅是一个创新之举，而且学校不用出钱，还能节省一大笔费用。学校自然非常满意，体验卡的发放也因此非常顺利。

两所学校共有近 200 名教师，在一个月内纷纷进店体验（男教师大多将体验卡带回家给家人），这立刻为美容院带来了人气爆满的局面。美容院老板与员工都恢复了自信。

店内节日套餐助力成交

因为教师节过后紧接着是中秋和国庆节，店内的优惠活动也紧跟着推广起来。通过推出 680 元、980 元、1980 元的套餐，该店的营业额达到历史新高，接近 10 万元。这是店老板之前想都不敢想的。

■ 美丽 7 天乐

有一家美容院位于郑州著名的商业街，这条街上商铺集中，有美甲店、眼镜店、商超、儿童摄影店、餐饮店、电影院等多种业态。所以，笔者直接确定了商业联盟策略，指导美容院联系了一些商家，共同开展大型联合促销活动。每一家店都为顾客提供优惠，同时推广联盟的活动。这样一来，大家实现了顾客资源共享，达到了互惠互利、多方共赢的效果。活动期间，顾客进店即可获得时尚美甲抵用券一张（价值 50 元）、眼镜店消费券100 元、奥斯卡影城电影票一张、商超消费券 100 元、儿童摄影消费券 100元等。同时，这几个商家也针对顾客赠送价值 100 元的美容院美容体验券，有效期限为 7 天。

本次营销活动主要针对低端客户群体，具体策略如下：时尚美甲主要针对时尚女孩；眼镜店则利用夏天太阳镜需求量大的特点进行推广；奥斯卡影城通过植入近期大片吸引观众；儿童摄影店主要想吸引年轻家长；商超则通过促销活动吸引家庭主妇进店消费。通过与其他商家合作，活动旨在借助大家的客户资源，吸引新客源，从而拓宽客源渠道。在7天内，几家店共计发放美容消费券万余张，美容院进店顾客达500多人，促进销售额达10万元。

04

美容院系统化营销的
16 种工具

　　画笔、画布、画架是画家的工具，手术刀是医生的工具，麦克风是歌手的工具，枪械是军人的工具，镰刀、锄头是农民的工具……工具是各个职业的必备物品。

　　同理，美容院系统化营销也需要工具。工具不仅是美容院系统化营销的抓手，也是呈现方式之一。笔者根据当下的营销环境，充分考虑了美容院的营销应用场景，结合美业发展趋势，在本章中展示了16种营销工具，希望能成为美容院系统化营销必备"神器"。

01

美容院直播：开辟全新的营销渠道

在全民直播的年代，美容院怎能没有自己的直播呢？

如果一个没有任何基础、0粉丝的"小白"都能快速成为网红，那么美容院就更有可能把直播做好。因为，美容院本身就有成百上千的现成的线下粉丝。哪个正常经营的美容院没有几百个顾客呢？

然而，现实情况却不尽如人意，因为很少有美容院开展直播，而能把直播做成功的更是寥寥无几。这不能说不是一种缺失，一种遗憾。

美容院做直播干什么？这是很多美容院老板感到迷茫的问题。事实上，这并不是美容院老板缺乏意识，而是他们的认知还不够清晰，没有一家美容院老板不想与时俱进。

■ 美容院做直播可以实现的五大功能

为美容院引流获客

美容院拓展新客源的渠道，正在逐渐从线下转移到线上，这是不可忽视的发展趋势。美容院可以通过直播直接销售体验套餐。自抖音2021年开通团购功能以来，许多美容院开始尝试抖音团购，而直播也是其中一种有效的方式。将美容院作为直播间，可以更详细地讲解服务内容，也可以全方位展示服务过程和店内环境，更具吸引力。

打破地域限制销售产品

如果美容院通过直播销售店内护理服务套餐，只能局限于本地顾客，那么直播销售产品则完全没有地域限制。只要是快递能送达的地方，都可以完成交易。美容院在直播时，既可以销售店内销量较好的单支或套盒产品，也可以重新选品。有的美容院会担心利润空间，可实际上卖产品是没有线下店的服务成本和人工成本的，是可以有足够利润空间的。一旦直播做起来，就相当于为美容院开辟了一个全新的营收渠道。

培养顾客的美容消费意识

一些新的美容技术和美容产品，需要经过一个过程才能获得顾客的认可。为了缩短这个过程，直播是一种高效的形式。之前，美容院的传统做法是在店内通过美容师一对一为顾客介绍、讲解和推荐，偶尔还会采用沙龙会的形式，邀请厂家的专业老师到店举办讲座。相对来讲，直播成本更低、更便捷、更高效。

拉近客情关系

我们知道，美容院非常需要维护客情关系。之前的传统方式主要是通过一对一的见面沟通、电话和微信联系，但这种方式的效率较低，一个美容师维护顾客的数量非常有限。事实证明，一个美容师最佳的维护顾客数量是25～30名。一旦超过这个数量，美容师就会精力不足，难以保证工作质量。而采用直播就不一样了，一个人可以同时与成百上千名顾客进行互动。

锻炼团队

大部分中小美容院没有做直播，主要原因是感觉没做过、自己不会，或者自己不是网红。实际上，这都是自我设限和找借口。要知道，直播本身就是一个全新的工作岗位，没有人天生就会直播。即使是粉丝百万、千万的头部主播、网红、大咖，也是从零开始的。如果你不去尝试，永远都不会；但只要你开始做了，就可以从不会到会，从做得不够好到越做越好。美容院的老板、店长及所有员工都可以在直播间担任主播。

■ 美容院该如何打造自己的直播间

名字与定位

当我们打开手机观看各种直播时，会发现每个直播间都有一个名字及一句广告语，就是所谓的"备注"。直播间的名字与定位就是告诉观众，这个直播间叫什么名字，以及它的主要内容是什么。直播间的名字与定位不一定要与美容院完全一样，但必须保持高度相关性。保持一致不仅有利于传播，还能够增加品牌的辨识度。

直播间的场景

在直播间场景设计方面，相比其他的直播间，美容院具有一定优势。美容院的护理间、前台、接待区、调配间、办公室等都可以根据需要作为直播间使用。如果直播的内容与实操服务相关，护理间就是最适合的场景。需要注意的是，无论直播间设置在何处，都应展示美容院的品牌形象，例如店名、Logo（标志）、广告语等。

个人形象IP

美容院的每个员工都可以根据自身的情况打造属于自己的个人IP形象，比如擅长面部护理的美容师，可以定位为皮肤管理专家；擅长中医养生的员工可以定位为健康管理师；擅长仪器操作的员工可以定位为高科技护肤技师。在出镜的时候，员工应根据角色选择合适的形象，比如美容师应穿上美容师工装，美容顾问应换上顾问工装。

直播内容规划

美容院的直播内容可以分为四大板块：与护肤、养生相关的知识科普；针对节假日的促销活动；围绕两性、亲子教育、婆媳相处、理财等女性感兴趣的话题；针对店内新产品、新技术的介绍。如果美容院把直播作为常态化的运营，可以对这些板块进行排序，明确每个板块的播出时间和主播人选。

如何开启第一场直播

直播前的学习

如果你从来没直播过，首先要进行学习。最直观的学习方式是观看别人的直播，尤其是头部主播的直播。美容院不仅要学习头部主播的直播，还要学习美容行业大咖的直播，也可以观察其他腰部主播的表现，并且要做好笔记。学习一段时间后，可以通过对比笔记发现，成功的直播为什么会成功，失败的直播为什么会失败。

养号

一个新媒体账号必须先"养号"，对一个新直播间来说，不可能开通一个账号就马上开播。一方面，你还没有粉丝，开播没人看；另一方面，平台对你的账号还没有系统识别，无法为你推流。所谓"养号"，就是在一定时期内，有计划地发布和更新视频。"养号"有着严格的要求，比如视频文案、视频时长、发布时间都要遵循一定的规律。既要讲究账号内容垂直，又要避免违规风险。所谓垂直，就是专注于一个领域的内容输出，封面也尽量保持统一风格。平台上有一些违禁、违规的关键词是不能出现的，一且出现就会被封号，前功尽弃。

直播预告与邀约

正式直播前必须发布直播预告，因为并不是你什么时候开播都会有人看。直播预告相当于提前铺垫，告诉粉丝这次直播的内容是什么，由谁来播。美容院在发布直播预告的时候，除了以视频的形式在账号发布以外，还可以发布到朋友圈、微信群，或者一对一通知现有的顾客。当然，还需要对直播内容和主播进行一定的渲染。

直播过程把控

要想很好地把控直播过程，必须有直播剧本，比如谁来主持、怎么开场、谁是主播、谁是助播、哪些是重点内容、互动环节、氛围烘托等都要提前计划。虽然出镜的可能就一两个人，但是背后是整个团队在运作。

直播复盘

每次直播后，都要及时复盘。从本次直播的目的与目标、直播的准备、演练彩排、过程把控、团队协作等方面逐一查漏补缺。将复盘内容整理成书面材料，作为下一次直播的参考依据。这样就能做到直播一次，进步一次，越做越好。

直播贵在坚持

目前广大美容院在直播层面最大的不足就是不能坚持。有的美容院心血来潮地购置了一套直播设备，还没开播几次就放弃了。还有的是在疫情防控期间，因为有闲余时间才播一播，疫情结束后就直接停播了。这些做法都是不正确、不明智的。

02

短视频：流量时代美容院的标配

—— SECTION

　　短视频已成为这个时代的语言形式和信息传递方式，越来越受互联网用户的欢迎。它提供了更加生动、直观的视觉和内容载体，成为人们娱乐、学习、宣传等的重要手段之一。

　　相对于文字或图片等传统媒介，短视频具有短小精悍、观看便捷、丰富多样、互动性强等优点。因其时长较短，用户可以利用碎片时间通过手机观看。短视频还能展现各种形式的创意和表达方式，包括电影、音乐、动画等。此外，短视频具有很好的互动性，用户可以通过点赞、评论等方式与作者进行交流。

　　基于短视频的发展趋势及其本身的特点和优势，美容院势必要搭上短视频这趟车，因此必须运营短视频账号。

■ 选择短视频平台建账号

　　目前的主流平台有抖音、快手、小红书、微信视频号。此外，还有传统的新媒体平台，如微博、百家号、知乎、头条号、搜狐号、网易号、拼多多等。美容院在选择平台的时候，需要结合美容院的主要顾客群体定位。如果美容院主要顾客群体是中高端且具有一定品味的人群，那么可以选择重点平台，如抖音、微信视频号。因为，中高端群体走的是精品路线，时间宝贵，她们通常选择在主流平台观看视频；如果美容院顾客群体是以"90后""00后"等年轻一代为主，那么可以选择抖音、小红书、微信视频号，再加上微博、头条号、百家号。因为年轻一代的顾客除了会选择在主流平台观看视频，还会关注以"90后""00后"为主要群体的小红书、头条号、百家号的视频号。如果美容院的顾客群体相对比较广泛，建议在所有平台都建立账号。因为每个平台都有其特定的用户群体。

■ 新建短视频账号如何做垂直

为了提高营销传播的精准度，短视频账号必须先做到垂直化。因为新媒体平台后台都有内容算法，会根据用户的阅读习惯和观看习惯推送相应的内容，所以呈现出来的是"千人千面"，每个人登录平台看到的内容都不一样。

这就是为什么一定要做账号垂直。比如，你是个美容院，平台应该给你推送与美容相关的内容，如果你看到的都是金融、房产、制造、娱乐等内容，就说明账号不垂直。

美容院的账号要做到垂直，可以遵循以下10个步骤。

（1）主动去刷平台的系统推荐视频，如果不是美容行业的视频可以直接滑走，如果是美容行业的视频，尽量完整看完。完播率是平台算法的重要指标。在刷视频过程中可以点赞、评论，每刷10~20个作品点一个赞，评论数控制在3~5个，千万不要频繁地点赞。

（2）第二天修改完善账户信息，越完善越好。完善后不要频繁修改。同时，检查系统推荐的视频是否是美容行业的，因为系统也会根据账号信息推送内容。

（3）第三天刷推荐视频的时候，如果发现推荐的视频仍不是美容行业的，可以在搜索栏中直接输入美容行业的关键词，比如"美容""养生""皮肤管理""抗衰老""美白"等，然后观看相关视频。

（4）第四天，如果平台系统推荐的视频仍不是美容行业的，那就继续搜索并观看美容行业相关视频。如果从第二天开始，系统推荐视频中就出现了同行业的视频，那么当天就可以发布自己的视频。

（5）前5个视频，按照每天1个视频的频率进行发布。同时，继续观看平台推荐的视频。

（6）发布完5个视频后，查看这些视频的观看量。如果观看量小于200次，说明账号还没有完全垂直，应立即停止发布作品，继续优化账号。

（7）前5个视频的时长建议保持在7~9秒内，这样可以提高视频的完播率。

（8）发布的视频要保证配乐和内容相匹配。

（9）账号垂直后，每天可发布2~4个视频。

（10）推荐的视频发布时间段为：7:00~8:00，11:00~12:00，18:00~19:00，22:00~23:00。

以上是短视频专业运营人员根据实践经验总结出来的规律，遵照规律可以不走或少走弯路。

■ 美容院短视频内容创作规划

一旦美容院的短视频账号建立起来并且完成垂直化定位，就可以持续更新内容了，因此必须对内容创作进行规划，不断生产新的视频作品。

美容院的短视频创作主要可分为四大板块。

以科普美容养生方面的专业知识为主

短视频内容可以是美容方面的知识，例如如何补水、如何防晒、如何使皮肤紧致、如何使皮肤细腻、如何提升皮肤亮度等；或者是有关养生方面的知识，例如如何排毒、如何排除体内寒湿、如何疏通经络等。总之，要突出专业性，让观众认为你就是美容养生方面的专家。这样一来，吸引来的粉丝大多具有美容养生需求，也就是美容院的精准顾客群体。

以缓解焦虑与压力的女性话题为主

现代女性在实现个人价值的同时，也面临着巨大的压力与挑战。例如，如何选择配偶、如何提升自己的能力、如何应对职场关系、如何维护夫妻感情、如何挽救婚姻危机、如何建构和谐家庭关系、如何建立良好的亲子关系等。美容院的视频内容，可以是通过站在女士视角去解读这些问题，以赢得广大女性的共情与共鸣；也可以是通过提出合理化建议和解决方案，赢得女性的认可与信任。其实，这些女性本身就是美容院的目标顾客。

以突出美容院工作日常为主

以"日常"为主的短视频实际上是一种剧情类内容。可以通过跟拍的方式，将美容院的日常工作用镜头记录下来，例如怎么开门营业、如何打扫卫生、如何消毒、如何接待、如何服务、如何使用产品、如何给顾客打电话、如何恭送顾客等，将美容院日常细节真实地展现出来，让观众感觉到美容院负责任、讲诚信、专业强、服务好、管理规范，从而产生信任与良好的印象。

以产品讲解为主

短视频内容可以聚焦美容院的产品，通过多个视角、多种形式进行展现。可以有人物出镜，也可以没有人物出镜，因为产品是焦点。通过这种方式，让观众看完之后产生强烈的购买欲望。这个板块的内容可以直接拉动美容院产品的销售和业绩的提升。

美容院在具体选择相应板块内容的时候，要根据店内实际情况和账号的定位来确定。例如，店长、美容顾问、美容师都适合进行美容养生的科普；如果是缓解女性焦虑与压力的话题，建议选择有丰富经历、有见识的成熟女性；美容院的工作日常内容，店长或美容院老板相对更为合适，因为她们的工作更加全面；讲解产品的内容，销售能力强的人更加适合，如美容顾问或美容师。

　　短视频内容确定之后，就要考虑如何创作有质感、有创意的作品了。要想让画面有质感，一方面需要注重场景布置和人物妆容，另一方面需要专业的剪辑。为了使内容更具吸引力，可以考虑加入适当的戏剧冲突和热点话题。戏剧冲突可以选择影视作品的场景来吸引眼球；热点是当下大多数人都关注的社会焦点。例如，2023年夏天，著名歌手刀郎的新作《罗刹海市》一经发布便成为全网热点，当时只要是与这个热点相关的视频内容点击率都很高。

03

微信公众号：美容院信息的首发阵地

　　微信公众平台（简称公众号）是微信普及之后出现的一种自媒体，也是较早的自媒体形式之一，通过平台可注册四类账号：订阅号、服务号、小程序、企业微信。笔者当年曾经开发了"美容院微信营销"课程，其中就有涉及微信公众号运营的内容，目的是号召大家用好公众号这个工具。历经近 10 年的发展，微信公众号虽然没有了当年的火爆，但功能越来越多、越来越强大，依然是企业发展的标配。当下，微信公众号在互联网营销当中被列入企业信息的首发阵地，其地位和影响力已经超越了企业的官网。

■ 公众号的功能与作用

　　很多美容院之所以没有坚持运营微信公众号，主要原因是对公众号的功能与作用认识不清，缺乏运营公众号的知识和技能，误认为它没什么实际作用。

公众号是美容院与顾客互动的私域流量平台

　　顾客关注美容院的微信公众号之后可以及时收到美容院的动态信息，同时可以留言反馈。现实中，有很多顾客碍于面子，不好意思当面反馈真实信息，但在公众号上，美容院可以获取顾客的真实反馈。

公众号是美容院深度挖掘顾客价值的链接平台

微信服务号可以直接链接小程序商城，顾客可以在小程序商城中直接下单购买所需的产品。随着互联网技术的发展，开发微信小程序商城的成本越来越低。美容院可以自主开发产品或者对接供应商资源。然而，美容院对接供应商资源最终可能是为别人作嫁衣，把顾客引流到其他平台。在小程序商城推送自主开发的产品，就可以避免这种风险。

公众号是美容院向顾客提供增值服务的组成部分

美容院在良好规划公众号内容的情况下，能够让顾客获取有价值的信息，也是一种增值服务。目前很多良性运营的公众号，随着阅读率的提升和粉丝量的增长，会自动产生价值，除了促进本店的销售，还会带来打赏、广告等收入。

■ 公众号的注册

微信公众平台目前可以注册四种类型的账号：订阅号、服务号、小程序和企业微信。最常用的是订阅号和服务号。对于美容院来说，笔者建议先从订阅号和服务号开始。订阅号可以每天发布信息，保证美容院动态信息的及时发布；服务号只能每周发布一次信息，在发布信息方面不能完全满足及时性需求，但可以链接商城，完成线上支付。美容院注册订阅号与服务号，可以形成优势互补。

■ 公众号的内容规划

从内容层面来说，微信公众号完全可以取代官网。一方面，无论订阅号还是服务号，都可以设置底栏菜单，将相对固定的信息展示出来，比如店内环境、服务项目、团队风采、联系方式等；另一方面，美容院动态信息也可以在订阅号上随时推送。

对于美容院日常推送的信息，也需要做好内容规划。从更好发挥营销作用的角度考虑，美容院微信公众号日常发布的内容可以分为六大板块。

美容院新闻

新闻也就是美容院的动态信息，如引进新产品、新技术，获得新荣誉，员工外出学习，闭店培训，专家到店，参与政府部门组织的相关活动及其他社会活动，等等。这些内容可以提升美容院的良好形象和品牌影响力，增加顾客对美容院的信任。

美容院重点品项介绍

可以将店内的重点品项逐一介绍，每次一项。也可根据不同季节有针对性地介绍。虽然顾客进店的时候，店内员工会面对面向其介绍，但部分顾客换一种方式接收信息可能效果更好。此外，面对面介绍与图文、视频方式的展现，是不同感觉的，在公众号推文上可以更系统、更完整地介绍产品，并且推文是可收藏的，这也有利于店内员工的学习。

美容院日常促销

发布一些日常小型促销，如单项体验、单品优惠、会员福利、闺蜜二人行福利、礼品领取等，这种促销方式是促进销售业绩的途径之一。

专业科普内容

在不同季节、节气或天气变化时，推送一些护肤小贴士、养生注意事项等软性内容。这属于一种知识营销，顾客了解得越多，越能主动消费。很多美容院担心顾客知道得太多，会影响销售，这是一个认知误区，要充分相信知识的力量。

成功案例

展示顾客的蜕变，让效果能看见，如皮肤的改善，亚健康方面的调整、精神层面的提升等。例如，减肥成功后身体变好了，形象提升后职场晋升了等。顾客最相信其他顾客的改变，通过老顾客亲述或展示，可以吸引更多的顾客。在实际操作的时候，可以选择不同类型的明星顾客案例，如展现产后宝妈身材恢复效果，职场女性肩颈调理效果等。

幽默与笑话、脑筋急转弯

现代人生活节奏快、压力大，可以通过幽默与笑话缓解焦虑，增添快乐和趣味。笔者发现有的顾客正是为了轻松和开心才每期必读。

以上内容规划仅供参照，每家美容院可以根据自身情况和能力灵活调整，不能照抄照搬。例如，如果新闻板块已经包含了品项方面的内容，重点品项板块就可以不用再单独列出，避免重复。

■ 公众号的推广

在公众号运营初期，最重要的事情就是增加关注数量，即"吸粉"。

关注有礼

通过一对一发送公众号链接邀请顾客关注公众号，并在成功关注后给予小礼品奖励。同时，在每期每条信息的前后醒目位置加以提醒。

转发有奖

公众号运营后，需要不断提升阅读率或点击率，转发有奖是一种有效措施。转发有奖不仅可以提高公众号的阅读率，还可以增加关注数量。

巧用热搜、网红效应

每当社会上出现现象级的热搜事件或网红时，可以及时创作与之相关的内容，达到蹭热度的效果。例如，2023年的电影《满江红》、电视剧《狂飙》、淄博烧烤、"挖呀挖"、刀郎的《罗刹海市》、"科目三"等，都是蹭流量的最佳时机。

04

口袋书：美容院"超强杀伤力"的营销宝典

———————— SECTION

口袋书，顾名思义就是可以放在口袋里的书。虽然没有完全准确的界定标准，但大体是指开本小于小 32 开、大致不超过 10 个印张的书。

口袋书的主要特点是体积小、便于携带，可以在上下班的公交车上、地铁里随手翻阅。

本文所说的口袋书，是口袋书形式的一种营销工具，制作精美，像真实的出版物。无论是材质还是内容设计，都是传统意义上的宣传卡、宣传页所无法比拟的。

■ 口袋书与电子版

一定有人会问，现在是移动互联网时代，美容院还需要纸质的口袋书吗？答案是肯定的。我们可以逆向思维：如果你现在收到一封手写的信，是不是会感到很珍贵？同样的道理，电子版越普及，纸质书越显特别。况且，现在是提倡全民阅读的时代。

日常在手机上刷到的都是碎片化的信息，往往一划而过，很快就被海量信息淹没了。即使是保存在手机上的内容，也可能因曾手机没电、损坏而无法查看。而纸质书则没有这些限制。

■ 口袋书与DM内刊

提起口袋书，很多人会不由自主地想起DM内刊。二者确实存在很多相同之处，但区别是，口袋书比DM内刊更容易携带，内容上更加精炼。从内容上来说，DM内刊像个"杂货铺"，相对比较综合；而口袋书的内容则一切围绕产品的营销策划，其针对性、专业性更强。从营销效果来看，口袋书更有"杀伤力"。一般的宣传品，话说得太"硬"，顾客不用看都能猜到内容是什么；而大多数DM内刊又显得太"软"，有点偏离营销主题性。随着市场的不断发展，顾客对美容养生方面的认知也在不断提升。在促销方面，"两点之间直线最短"的定律已经被推翻，"欲速则不达"。口袋书则是二者的"最佳结合物"，结合了各自的优点，真正做到"软中带硬，硬中有软，软硬兼施"。

■ 美容院"出书"步骤

选择合适的"出书"机会

美容院制作口袋书主要适用于大型促销活动。如果是日常的小型或单一活动使用口袋书，就有点小题大做、大材小用了。从成本、效果、精力、影响力等各方面来说，都不划算。拳头产品或明星产品的推广、周年店庆、法定节假日举办活动时都可以考虑使用口袋书。

确定促销活动的主题内容

每一次促销活动都应该设定一个主题，因为主题是统领整个促销活动的灵魂，是贯穿整个营销过程的主线。促销活动有主题的好处，一方面体现在"师出有名"，就是给顾客一个合适的促销理由，从而回答顾客"为什么要做促销"。如果这个理由不能打动顾客，即使优惠再多、优惠力度再大，顾客也未必会买单；另一方面的好处可以使促销活动的开展井然有序、主次分明，避免偏离主题。

比如某家美容院促销活动的主题是"感恩有礼大行动"，那么口袋书的整体内容就应该围绕"为什么要感恩、怎样感恩、回馈顾客的是什么、能给顾客带来什么好处"等一系列问题展开创作。

确定目标顾客群体

美容院在策划口袋书内容时，还应该结合促销活动针对的目标顾客群体定位来进行。目标顾客群体就是口袋书的读者，读者有什么需求、想看什么内容、对什么感兴趣等都必须要在内容创作时考虑到。

把握好两个比例的火候

要做好口袋书的内容，关键在于把握好两个比例的火候：软硬内容比例和图文比例。如果口袋书的内容不分软硬，就失去了其本身的意义。因为内容的软硬兼施是口袋书的一大特点。那么究竟几分软、几分硬才是最合适的呢？

实践结果证明，"七分软、三分硬"是最佳比例。美容院促销活动既然以口袋书的形式展现，软性的内容必然要多于硬性的内容。如果硬性内容过多，目标顾客群体必然失去阅读兴趣。软性内容的作用是"四两拨千斤"。但是，如果硬性内容少于"三分"的话，就会大大减弱促销的"杀伤力"，从而偏离促销的轨道，达不到有的放矢的效果。当然，"七分软、三分硬"只是一个参考值，在实际操作过程中可以灵活调整。

图文比例也需要精准拿捏。口袋书虽然被称为书，但绝不能像一般的图书那样满篇都是密密麻麻的文字。因为随着生活节奏的加快，早已经进入了"读图"时代。读图比读文更简单、更直接、更省劲。这是由于阅读习惯变化导致的，即使使用手机浏览，人们也是先看热搜、标题，感兴趣了再点击看详情。

根据经验，图文的比例6：4为最佳，即六分图、四分文。图是为了吸引眼球，起到视觉冲击的作用。相对少的文字则是为了图文并茂，给图片做加分。如果文字太少，一方面会失去"书"的感觉，另一方面也会显得不够分量、过于简单，让顾客没有阅读欲望。

口袋书的发行

口袋书内容再好，设计制作再精美，最终还是要让顾客看到。只有到达目标顾客群体眼前，才能起到营销传播的作用。口袋书的发行总的来说分为内部发行和外部发行两部分。

内部发行就是发给美容院现有的顾客，每天进店的顾客人手一册。美容院还可以借口袋书为由，邀约那些进店率较低（每月低于2次）或长期不进店的顾客进店，从而达到激活"沉睡顾客"的效果。

外部发行主要是针对新的潜在顾客。比如，将美容院口袋书直投到咖啡馆、婚纱摄影店、妇科医院、珠宝店、奢侈品店、高端女装店等场所。因为这些场所大多会配备书刊架，架上的书刊供顾客翻阅。直投场所的选择有两个标准：第一，顾客群体与美容院潜在顾客群体接近或有较大交集；第二，顾客消费能力与美容消费档次接近。如果在这两个方面不符，就不是合适的直投场所。

为了提升美容院口袋书的传阅率，可以适当增加一些促销措施，比如用手机拍下口袋书内容发给客服，就可以获取红包或者店内项目体验；也可以直接在口袋书上印上美容院体验现金券或者套餐。这些措施既能达到提升口袋书传阅率的作用，又能促进顾客进店消费，可谓"一箭双雕"。

口袋书的发行周期

因为口袋书的出品、发行需要一定的过程与时间，顾客的阅读与传阅也需要过程与时间，所以口袋书的发行周期要有足够的时间。从开始策划、创作到印刷、发行，累计 1～3 个月时间都是合理的。这就要求对口袋书中促销活动的有效时间考虑到位，既不能让活动时间太短，顾客还没看到就快结束了；也不能让活动时间太长，一般超过 3 个月顾客就没有参与活动的紧迫感了。

05

LED 显示屏：让新顾客自动走进门

您的美容院安装 LED 显示屏了吗？如果还没有，建议您考虑配置。不管您的门店是街边店、社区店、楼中店或店中店，安装 LED 显示屏都是适合的。

如果您计划装修一家新店，建议您一开始就考虑安装 LED 显示屏。

本节并不是为 LED 显示屏做广告，而是强调其对美容院的必要性。

随着电子科技的发展，LED 显示屏已广泛应用于社会生活各个领域。实体店门头、会议会场、公共场所大厅、娱乐舞台的背景、学习培训的教室等场景均可见其身影。对于注重营销的美容院来说，LED 显示屏如同手机之于现代人，应成为门店必备工具。

■ LED 显示屏的三大优势

与传统宣传物料相比，LED 显示屏具有以下三大优势。

节省费用

在 LED 显示屏流行之前，美容院进行活动宣传、氛围营造时，都会考虑在店门口的门头下面悬挂横幅。由于不同活动需要制作不同横幅，均会产生制作费。而 LED 显示屏仅需一次性投入，后续活动时只需要更换内容即可，长期使用可显著降低成本。

使用便捷

横幅、喷绘、海报等传统物料，需要委托专业的广告公司设计、制作及安装，耗时至少两三天，美容院还要安排专人对接。如果使用 LED 显示屏，就会简化流程，缩短制作时长，将更多的精力用于聚焦内容策划。

展现充分

使用宣传物料目的是将企业想要表达的内容尽可能完美地展现出来。传统的宣传物料局限性比较大，如条幅只能以文字形式展现且字数受限，喷绘、海报只能以图文形式展现。而 LED 显示屏的展现方式相对比较丰富，可以是纯文字，可以是彩色图文，也可以是视频、动画的形式，并且支持循环播放及音效，表现力更强。

需注意的是，LED 显示屏虽能大幅替代传统宣传物料，但在特定场景下，还是要与传统的宣传方式相结合的。

■ 美容院如何用好 LED 显示屏

美容院需要深入思考如何有效运用 LED 显示屏，使其发挥更大的作用。

选择合适的规格

安装过 LED 显示屏的人都知道，LED 显示屏是可以量身定制的。其规格是可以根据美容院的需求来确定的，通常会选择下几种规格的 LED 显示屏。

长条形：通常安装于门头下方，长度与门同宽，宽度基本在 20~30 厘米。

四方形：可以是长方形，也可以是正方形，安装的位置可以选择在门头上方、前台两侧墙面、橱窗或作为移动屏。在社区内或商务写字楼的楼中店，可以将 LED 显示屏安装在窗户外面。

至于选择什么样的规格，美容院可以依据自身情况以及门店具体房屋结构来确定。在条件允许的情况下，笔者建议优先选择四方形的规格。长条形的 LED 显示屏，只能以滚动字幕的形式展现；而四方形的 LED 显示屏，可兼容字幕、画面、视频、动画等多种形式，效果更佳。

做好内容规划

LED 显示屏安装后，内容运营就显得至关重要了，需要系统规划。LED 显示屏播放的内容整体上可分为日常内容和重要活动内容。

（1）日常内容。就是在没有重大促销活动或者重大动态信息的时候更新的内容。笔者想要强调的是，美容院在这个方面一定给予重视，绝不能偷懒。市场调研发现，很多美容院的 LED 显示屏在非活动期间，要么处于闲置状态，要么长期显示过时的信息，比如数月前的促销活动。这就是典型的偷懒行为。虽然这种管理漏洞看似细微，但是优质顾客往往会以小见大，从而对该美容院产生"管理混乱""服务不专业"等负面联想，进而放弃进店消费，另选他家。这样无疑是将高质量顾客推给了竞争对手。

根据笔者的实战经验，日常内容可以分为"温馨提示""新客体验""星品推荐""动态信息"四种类型。

"温馨提示"的内容可以是美容院根据季节变化、天气变化、疫情防控等，及时提醒顾客需注意的事项。比如春天需要减肥瘦身，夏天需要排毒、防晒，秋天需要补水、保湿，冬天需要补阳气；天气降温变冷时提醒顾客保暖，高温时提醒顾客防暑，下雪时提醒路滑，下雨时提醒带雨伞；病毒流行时，提醒顾客做好防护。通过细节关怀让顾客感受到"家一般的温暖"。

"新客体验"的内容是告知新顾客专享套餐。从营销角度分析，LED 显示屏的内容主要面向新顾客，因为现有老顾客如果想了解，可以直接联系店里美容师。新客体验套餐的目的是吸引首次到店顾客体验服务，需要注意的是，套餐内容要清晰明了，包括套餐价格、体验项目、体验次数以及赠送的礼品等。对于大部分顾客来说，更倾向于清晰透明的消费信息，只有明确套餐内容才会产生体验意愿。

"星品推荐"就是推荐店内的特色项目——明星品项，即相对市场同类服务，具有差异化竞争优势的品项。正常情况下，有美容需求的顾客是分散在在不同美容院里的，假设某天某人从你的美容门前经过，抬头看见 LED 显示屏推荐的项目十分新颖，带给他想尝试的欲望，那么他就有成为美容院顾客的可能。追求新鲜感与探索欲是消费者的普遍心理。

"动态信息"已在本书其他章节详细阐述，这里不再重复。

以上这四个板块的内容可以是纯文字的形式，也可以是图片和视频的形式。在内容发布时需要制定科学的轮播策略。单条内容保持 3～5 天的固定展示周期，之后再发布下一个板块的单条内容，形成周期性循环。对于偶尔经过的顾客群体，单次信息触达的随机性较大。对于一个注重细节的高质量顾客来说，如果发现美容院 LED 显示屏的内容在有计划地保持月度更新，试想一下，她会对这个美容院产生什么样的认知，会不会觉得这家美容院管理规范，有计划、有章法，是个值得信赖的美容院。那么，这类顾客进店消费的概率就会显著提升。

（2）重要活动内容。美容院在举办店庆、沙龙会、大型节日促销活动的时候，应充分利用 LED 显示屏这个重要工具。常见的做法就是将活动内容直接以文字形式展现在 LED 显示屏上，这样的做法本身没有错，但更好的做法是按照"剧本"的模式，将整个活动从预告、铺垫、火爆、高潮到结尾完整地展现出来。这种剧本式的展现方式，不仅能增加看点，还能起到持续强化的作用，促使观望中的顾客打消疑虑，直接参与活动；还可以不断增加顾客的信任度，因为这种分阶段地展示信息的方式给人更真实可信的感觉。

06

美容院优质内刊：撬动高端顾客资源的杠杆

■ 什么情况下美容院可以出内刊

当美容院发展到一定规模时，推出优质内刊是品牌建设的重要举措之一。具体而言，美容院满足以下条件就可以出内刊。

顾客和员工数量足够多

现实中，有一些美容院随着不断成长，发展步伐比较快，逐渐从小变大、从弱变强。比如，某家美容院刚开始仅有几十平方米的一间门面，专注于单一服务领域，如减肥、祛斑、祛痘、祛疤等，配备一两名员工。通过用心经营与优质服务积累口碑后，1~2年内发展成一二百平方米的综合店，服务范围拓展至面部护肤、身体护理及艾灸熏蒸等中医养生项目，同时配备淋浴、泡浴等设施。员工增加到10~20名，顾客从100名左右增加至300名左右。经过3~5年的持续发展，具备前瞻视野的经营者可将机构升级为上千平方米并涵盖美业全品项的顶级大店，建立完整的人员架构，员工在30人以上，顾客人数上千人，年营业额达上千万元。这个时候就可以推出美容院优质内刊来衬托其市场地位和影响力了。

直营连锁店数量足够多

部分美容院虽单店规模不是很大，可能只有二三百平方米，但是善于运营管理，实施了股权激励机制，通过内部的员工和顾客入股实现快速裂变扩张，分店越开越多。当分店数量突破 5 家店并成立专业管理公司时，创办优质内刊将成为关键举措，即形成连锁体系中的信息交流平台。

也许，有的人会说，在移动互联网时代，美容院推出纸质内刊还有用吗，还有人会看吗？答案是肯定的。线上渠道虽具备即时传播的优势，但也存在碎片化、不易保存、展现受限的弊端。内刊的线下展现效果是数字媒介不能比拟的。

■ 美容院精品内刊的作用

高端美容院内刊必须打造成精品，方能发挥出巨大的作用与价值。

内刊可成为高端顾客展示魅力的舞台

很多美容院的高端顾客都是各行各业的精英，拥有优质的社群。如果在美容院内刊上刊载高端顾客的文章，能为其个人魅力增值。

内刊可成为优秀员工实现梦想的舞台

根据美国近代社会心理学家马斯洛提出的需求层次理论，人的最高需求是自我实现。员工通过努力奋斗获得工作上的成就，正是自我价值体现。如果这些优秀员工的事迹能刊载于美容院内刊，将形成有效激励。

内刊成为对接优质资源的媒介

相较于普通宣传资料，精致内刊能显著美容院的品牌调性。微信公众号信息数量太多会导致阅读疲劳。而精品化的美容院内刊在业内属于稀缺资源，会吸引优质资源主动合作。例如，优质商家愿意用优质的产品置换美容院内刊的广告位；高端场所可能免费提供投放概率。其潜在的商业价值不言而喻。

■ 如何打造优质的美容院内刊

对标高端女性期刊

鉴于美容院没有制作期刊的经验，所以需要先找到一个标杆，进行学习。高端女性时尚期刊是最佳参考对象。国内时尚界著名的"五大刊"，想必广为人知。这五本具有影响力的高端女性时尚期刊，分别是《VOGUE服饰与美容》《时尚芭莎Harper's BAZAAR》《ELLE世界时装之苑》《时尚COSMOPOLITAN》《嘉人marie claire》。它们的版面设计、风格定位与内容策划都值得学习。

找到专业的编辑团队

若美容院内部自建编辑团队，易面临专业度不足与人力有限等问题。高端内刊对图片、文案风格要求都是比较高的，不是一般的企划人员所能胜任的。最佳的方法就是找到专业的编辑团队。美容院只需要把要求、想法和对标的期刊告诉团队就可以了。

内容策划应以人物专访为核心

优质美容院内刊，在内容策划上一定是以人物专访为核心，弱化项目介绍和促销信息。因为人物专访具有故事性强、可读性强等优势。人物主要是两种，一种是高端顾客，另一种是优秀员工。这样正好与美容院内刊的主要读者群体相契合。顾客喜欢看有关顾客的内容，员工喜欢看有关员工的内容。美容院可以把被刊登在内刊作为促进顾客消费和激励员工工作的一种方式。

印制要精美

美容院优质内刊除了在风格、内容上向高端女性时尚期刊学习之外，还要学习这"五大刊"的规格、质量、印刷工艺及装帧艺术。如果内容很好，故事性、可读性都很强，设计风格也很时尚，但印刷质量不佳，就会影响内刊的整体呈现，从而给顾客带来不好的阅读感受，违背了出版内刊的初衷。

对于美容院老板关心的制作成本问题。可通过在内刊策划阶段开展对接资源工作来减少费用、降低成本。

第一，联系上游的产品厂商，告诉他们要在内刊为他们的产品做宣传，希望他们提供资金支持。当厂商看到美容院的专业推广方案时，往往会大力支持的。第二，对接本地的一些优质商业资源，如银行、保险公司、婚纱摄影店、私房菜会所、奢侈品店、车行、私人定制服装店等，可采用广告赞助、商品置换、发行直投等多种合作方式来降低美容院内刊制作的成本。

也许你会问，他们为什么愿意合作。其实很简单，吸引力法则。优质商业资源往往会向高端平台集中。当品牌高端定位建立后，后续资源自然主动寻求合作。

在美容院优质内刊的发行方面，除了投放于高端场所以外，还可以利用顾客的渠道。可让受访顾客需承诺一定的发行量。受访顾客为扩大个人影响力，通常会主动利用自身渠道进行宣传或发行。这些受访顾客大都是社会精英，其中有些顾客本身就是企业家或者有家族企业，发行渠道更为广泛。

07

贵宾体验卡：开拓高端顾客的"敲门砖"

美容行业卡项体系繁杂，拓客卡、留客卡、锁客卡、疗程卡、会员卡、外联卡、储值卡、特惠卡、银卡、金卡、钻石卡、白金卡等十余种类型。所以，业内常有美容院靠卡盈利的说法。

在众多卡项中，有一种卡是相对固定和常用的，主要用于对接优质顾客资源，叫贵宾体验卡，也被称为外联卡，该卡是实施外联营销的必备工具。

■ 贵宾体验卡的特点

免费提供

贵宾体验卡一般都有标价，即面值多少元，这种卡一般不直接销售，而是通过特定渠道赠送给目标顾客，我们可以暂且认为是免费提供。但是在实际操作过程中，这种卡的赠送与传统推送体验卡有着本质的区别。比如，美容院将贵宾体验卡提供给某家单位，这家单位将卡作为节日福利发给员工，发放时不会告知员工卡免费得到的，而是说单位团购的；或者，美容院与一些商业联盟单位合作，规定顾客在商业联盟单位消费满一定金额后，可获赠美容院的贵宾体验卡。

制作精致

贵宾体验卡通常制作比较精致。材料方面，尽量不要选用纸质材料，优选类似银行卡的PVC材料或者金属材料；工艺方面，设计制作时可加入磨砂、烫金、凹凸压纹、打孔、磁条、防伪标签等特殊工艺。成品制作完成后，配套装入精美的专用卡套，或者有质感的包装袋中，必要时还可附带一张精美的宣传折页。

特殊渠道

特殊渠道，是指贵宾体验卡不是由美容院直接发到目标顾客手里，而是通过各种各样的外联单位或者特定的组织发放的渠道。这些单位可以是事业单位、国有企业、金融机构、星级酒店、学校、培训机构、健身房、房产企业、高端消费场所等，只要是拥有与美容院顾客匹配的资源的单位，都可以成为合作对象。

■ 贵宾体验卡的作用

拓展优质顾客

"好钢用在刀刃上"这句话对贵宾体验卡来说非常贴切。对美容院来说，贵宾体验卡提供项目服务是免费的，制作成本又相对较高，所以需要尽一切办法与外联单位谈合作，以达到拓展优质顾客资源的目的。

降低营销成本

虽然贵宾体验卡的前期营销成本较高，但是成功拓展到了高端顾客，他们通常会产生高消费、成交大单，从而将营销成本拉低。一个高端顾客的消费金额可能抵得上十个普通顾客的消费总额，而且成交周期短。相比之下，通过低端手段拓展的普通顾客，成交周期较长，服务成本较大。这也是有的高端美容院只做外联营销的主要原因之一。

置换优质资源

每一张贵宾体验卡上都有明确的面额，少则三五百元，常见的是一千元，甚至有两千元以上的。在特定的情况下，这些贵宾体验卡是有金融属性的，也就意味着具备货币属性。比如，美容院在高端社区做地推活动时，当物业公司不允许或要收取费用时，可以用贵宾体验卡来置换，美容院无须支付现金；或者在某平台投放广告时，用贵宾体验卡抵扣广告费，既节省了现金成本，又实现了拓客，一举两得。

■ 贵宾体验卡的内容设计

起好卡的名称

既然是针对优质、高端顾客的，卡的名称就要体现出品质感，营造尊贵的氛围，可以选择一些尊贵感的名字，比如公主卡、王妃卡、皇后卡等；也可以用常见的会员等级命名，如银卡、金卡、钻石卡、宝石卡、白金卡等。或者可以更加时尚，以世界名媛的名字命名，如伊丽莎白、爱德华、玛丽亚等。

选择好的品项

贵宾体验卡提供的项目选择需要遵循三个标准：第一，体验的项目必须是本店的特色项目，具有独特性，与其他美容院的产品有差异化；第二，项目要有好的体验感，在顾客中反馈效果较好、见效较快；第三，项目的名字要有新意，如"卵巢保养"可以写成"腹部三温暖"，"泡浴"写成"出水芙蓉"，总之让人看了有尝试的欲望。

明确注意事项

这部分属于细节问题，但非常重要，比如要明确告知为了节省贵宾的时间，需提前多久预约；注明体验卡不找零、不兑换现金、不开具发票，以避免纠纷；有效期、截止时间，也要标注清楚。

■ 贵宾体验卡的运用

具备条件的美容院可以专门设一个外联经理岗位，其主要任务就是每天外出洽谈外联单位。对于已经实现公司化运营的连锁机构或者顶级美容院，可以组建专业的外联团队，将其作为一个单独的部门来运作。如果条件尚不具备，这个工作可由美容院老板来做。实际上，如果美容院具备店长、顾问、美容师、前台等设置，在架构相对完整的情况下，老板的任务就是走出去，就是专业对接营销资源，从而完成从店务型老板向资源型老板的转变。那么，这个时候贵宾体验卡就成为美容院老板包里的必备品，在社交场合逢人必发。

■ 贵宾体验卡的服务

贵宾体验卡发出去后，如果顾客持卡进店体验，应该怎么接待？这是需要一个标准化流程的。因为这个环节是外联营销的关键所在。如果这个环节做不好，前面所有的努力都会失去意义。

做好预约工作

贵宾体验卡上有提前预约的提示，如果顾客打电话预约，接听电话的人，不管是前台还是其他人，应该如何回答才是比较完美呢？如果只是简单一问一答，例如顾客问"什么时间可以"，回答"什么时间可以"，这样就过于简单，有价值的信息太少。接听电话的人应该抓住机会多问几个问题，要问对方是谁，从哪里来，如何得到这张卡的，之前有没有体验过类似的项目，或者之前在哪家美容院做美容护理。顾客回答了这些问题后，美容院对这个顾客就有了基本的了解与判断，如有没有潜力、有没有美容经验、什么性格类型、有什么需求等。了解之后，美容院就可以在顾客进店之前做好沟通目标计划，为下一步成交做准备，从而在销售上占据主动。

营造良好的体验感

从顾客进门的那一刻起，每一个环节都至关重要。礼仪要做到位，让顾客感到热情和亲切；增值服务要体现出来，如提供免费洗头、水果拼盘、零食等，让顾客有超值的感受；参观店内环境或讲解企业文化，在体验服务之前，先赢得好感；实操过程要专业，项目的原理、每一步的话术，都要标准；成交环节把分寸，能成交的抓住机会成交，成交不了也不勉强，可以通过抽奖等环节制造顾客二次进店的机会。

准备意外惊喜

意外惊喜就是提供贵宾体验卡上没有体现出来的服务或礼品。比如，在顾客临走之前送个小礼品，可以是店内的产品，如面膜、艾灸枕等符合应季需求的礼品；也可以是其他小礼品，根据顾客的具体情况赠送，如遮阳伞、儿童玩具等。总之，不让顾客空手走。

做好跟踪回访

遵循"13721法则"：顾客进店体验的当天，服务的美容师要给顾客一条信息，问候顾客是否到家，并表示感谢；3天以后，美容顾问亲自打电话询问顾客皮肤或身体的反应及注意事项；7天以后，店长亲自打电话，询问顾客最近哪天有时间，再次邀约进店体验；21天之后，美容院老板亲自打电话问候，了解顾客对体验的感受，有什么意见和建议。近一个月下来，顾客被店里不同的人关心和问候，会对该店有良好的深刻印象，顾客有很大可能被感动，下一步的成交就会水到渠成。

08

抽奖箱：时时刻刻为成交做准备

—— SECTION

抽奖的定义是用抽签等方式确定获奖者、奖项或奖品。在现代经济社会中，抽奖被广泛应用于营销领域。因此，商家在营销活动中经常设置抽奖环节。因为抽奖意味着未知和幸运，充满神秘性，深受消费者青睐。抽奖箱是抽奖活动的常用工具之一。

重点在于，美容院为什么要常备抽奖箱呢？

笔者在全国各地市场调研时发现，很多美容院都是在营销活动时使用抽奖箱，而一旦活动结束，抽奖箱立即被存放到仓库或者不易找到的角落里。这样的做法大错特错，严重低估了抽奖箱的价值，也限制了抽奖箱作用的发挥。抽奖箱对于美容院具有三大作用。

举办重大营销活动时促成大单

一般美容院的大型营销活动中都会设置抽奖环节，而且奖品非常丰富、诱人。但前提是顾客必须先参加美容院的优惠活动，才能参与抽奖，这样就带动了销售。例如，奖品中有最新款的苹果手机，中奖率为100%，但顾客必须先办理19800元的美容套餐。对于很多有消费能力的顾客来说，正常情况下也会在美容院消费一两万元，现在消费了还能得到一部新款苹果手机，何乐而不为呢？于是就会毫不犹豫地买单。

营造现场氛围

众所周知，现场销售在很多时候需要良好的氛围。良好的氛围下，人很容易产生消费欲望。因为，良好的氛围会有消费暗示的作用。举个例子，如果一个顾客一进美容院就看到在接待区有礼品堆头，旁边有个抽奖箱，抽奖箱紧挨着有一个展架，展架上展示的是促销活动内容。在这个时候，是不是无须多言，顾客就知道店里搞活动，并且会主动问有什么活动。顾客主动问活动内容与美容院主动向顾客介绍活动内容，哪个更好？答案不言而喻，当然是前者。

美容院日常销售的工具

在以下三种情况下，抽奖箱可以发挥良好的作用。

一是发现第一次进店体验的顾客很有潜力时。在这个时候，美容院需要制造一个让顾客能够再次进店的机会，否则如果顾客体验一次就走了，再想拉她进店就难上加难了。尤其是针对通过平台团购来店的顾客，如果美容院让顾客抽个奖，抽中的是她所需要的项目的体验，这无疑是给了顾客再次进店的机会。要知道，在某种程度上，美容院缺的不是销售能力，而是销售机会。

二是当得知顾客想消费但手里钱不足时。在实际生活当中这样的情况经常出现，因为很多人都有过类似的经历：出门在外看到心仪商品，但带的钱不足时。有的顾客碍于面子不会说出来，只能拒绝。在这个关键时刻，美容院可以给顾客一个台阶，比如让他们抽个奖碰碰运气，结果抽中的是价值500元的现金抵用券（根据需要提前准备），刚好补足差额。

三是当需要挖掘顾客新的消费需求时。一个新顾客通过对美容院一个项目有良好体验而购买了一套项目或产品后，如何挖掘顾客新的消费需求，不同经营水平的美容院有着不同的做法。被动型的美容院会等顾客产品快用完的时候，再促使顾客第二次购买；主动型的美容院会立即想办法铺垫顾客下一个需求，比如顾客刚买了美白套餐，接下来开始铺垫补水套餐。虽然铺垫很重要，但一般情况下顾客都是要先体验。如何让顾客在不认为是被刻意引导的情况下进入新项目体验阶段呢？抽奖箱又该发挥作用了。让顾客抽个奖，没想到抽中的是新项目的体验，自然水到渠成。这样一来，顾客一旦进入新项目的体验，就意味着进入了新项目的消费通道。

■ 抽奖箱里的内容设计

美容院要把抽奖箱作为一种常态化使用的工具，抽奖的内容就需要认真研究、周密设计，并且一定是围绕美容院的"拓（客）、留（客）、升（单）、锁（客）"来设计。根据笔者多年实战经验，美容院抽奖箱里的内容可以分为以下几种。

项目体验

项目体验的设置主要面向第一次进店的新顾客和存在潜在消费需求的顾客，在确保成本可控的前提下，可将体验次数设定为 2 ~ 3 次。一方面是因为对于美容院多数项目来说，单次体验难以呈现显著效果，顾客也很难通过单次体验形成明确感知；另一方面是因为从营销规律看，若 2~3 次体验未转化成实际消费，那么可判定该顾客短期不具备消费意愿。根据美容行业的规律，90% 以上的顾客在 3 次体验内可完成转化。

现金抵用券

设置现金抵用券的目的是成交大单。在实际销售过程中，大单就是指单笔成交金额在 5000 元以上的交易。有的顾客可能会出现卡的额度不够的情况，可让顾客抽到现金抵用券，避免因支付障碍导致订单流失；还有的顾客想讨价还价，直接优惠会使顾客感觉产品价格虚高，通过抽奖形式获取的抵用券既能满足其消费心理，又能维护门店价格。关于现金抵用券的额度美容院可根据本店的实际消费水平确定，一般情况下，建议金额为500元、1000元、2000元。

精美小礼品

设置精美小礼品是为了通过实物赠送提升顾客的满意度。比如，在前文中提到的，针对拥有贵宾体验卡的高端顾客到店体验后，通过幸运抽奖不让其空手离店，从而提升顾客满意度，给美容院做加分，留下良好印象。

重大奖品

重大奖品是指市场估值数千元以上的物品，像苹果手机、轻便自行车、咖啡机、笔记本电脑、高端葡萄酒、珠宝首饰、名牌箱包等。这些奖品建议只在策划组织大型营销活动时提供。

旅游名额

旅游名额对于某些顾客可能更具吸引力。如有的顾客可能一辈子没有出过国，像新马泰游、日韩游、欧美游等，对其就非常有吸引力。旅游奖励可与既有消费计划形成协同效应，提升客户消费积极性。

最后需要说明的是，本节中的抽奖箱不要局限于箱子，可以是转盘，也可以是扎气球等多种形式。最重要的是，在美容院日常经营中一定要有这样的环节，这对于销售的成功会起到很大作用。

09

手提袋：让顾客免费给美容院做宣传

SECTION

　　手提袋多是用于供人们携带商品、礼品用的，长期广泛的使用，使其具备了品牌传播的价值。

　　美容院当然也使用手提袋，顾客在购买产品或消费之后赠送的礼品及抽中的奖品，都需要用到手提袋。

　　但是，目前美容院所使用的手提袋绝大多数都是产品品牌或产品公司的手提袋，并不是美容院自己的手提袋。站在美容院的角度，这无疑是为他人作嫁衣了。顾客拿着这些手提袋出门，别人看到的不是美容院的信息而是产品的信息，相当于为产品做广告。

　　为什么美容院不做自己的手提袋、不用自己的手提袋呢？是因为制作成本太高吗？是因为不知道怎么制作吗？

　　都不是。在印刷制作技术飞速发展的今天，手提袋的印刷成本越来越低，设计制作也越来越容易。最主要的原因是美容院没有认识到做自己的手提袋的重要性。这反映出美容院普遍缺乏品牌意识。

　　难道美容院不能成为品牌吗？难道只有产品公司才需要做品牌吗？

　　显然不是，再小的个体也是一个品牌，甚至一个人都能成为一个品牌，何况是一个美容院呢！要知道，以"90后""00后"为主力军的新一代顾客群体，是具有非常强烈的品牌意识的。换句话说，如果美容院再不树立品牌意识，将可能会被市场淘汰出局。这绝不是危言耸听。

■ 美容院制作手提袋的流程

很多美容院一听需要做手提袋，于是马上行动，直接找印刷公司或广告公司设计制作。但其实手提袋的制作是需要一个完整流程的。

建立美容院的视觉形象识别系统（VI系统）

如果只是为了做手提袋而做手提袋，没有体现美容院自己的形象风格，仍然达不到品牌宣传的目的。否则，不过是在别人的手提袋上换个名字而已，意义不大。如果美容院还没有自己的Logo（标志）商标，就需要先完成设计环节。Logo一般有以下几种类型：纯图形、纯汉字、纯字母、图形+汉字、图形+字母、汉字+字母等。美容院可以请设计公司或设计师充分发挥创意，设计出多个方案再进行选择。

对于最终定稿的Logo设计有如下的选择标准。

一是独特的识别性。识别性是设计Logo的第一标准，要让人看一眼就能记住。最简单的方法就是将设计的Logo放在一大堆Logo里面，看能否一眼就记住。如果能记住，就说明有识别性，如果记不住或记不清，就说明识别性较差。

二是符合行业属性。每个行业都有其自身属性，美容院的Logo设计也要符合美容行业的特点。美容行业是时尚行业，是创造美、经营美、传播美的行业，美容院主要以女性为顾客群体。所以，美容院的Logo要有美感，柔和且要充满活力，决不能与建筑行业、工业制造行业等企业的Logo接近。

三是与美容院的定位、文化相匹配。每一家美容院都有自己的市场定位和企业文化。比如有的是主营减肥项目，有的是主营科技抗衰项目，有的是主营中医养生项目，那么在Logo的设计上要有特色展示。减肥的要有曲线美，科技抗衰要有科技感，中医养生要有中医文化底蕴。

在确定了美容院 Logo 的基础上，再进一步设计视觉形象识别系统（Ⅵ），包括主题色、辅助色，店名与 Logo 的各种规范的组合，以及门头、形象墙、海报、手册、灯箱广告、名片、手提袋、包装袋等各种应用物料的设计。

确定手提袋的规格

在确定美容院手提袋规格大小的时候，要考虑手提袋主要的应用场景。因为手提袋是用来装产品或礼品的，所以尺寸要根据主要产品或礼品的大小来确定。如果大件产品不多，规格过大则成本高且浪费；如果规格太小，产品装不下或者太紧凑，也不合适。如果手提袋可选规格分为大、中、小号的话，一般选择中号或大号比较合适。

确定手提袋上展现的内容

手提袋上着重突出的内容，除了 Logo、店名、广告语外，还要让顾客看到后知道你是谁、你是做什么的、如何联系你，也可以适当突出店内主打的明星品项。手提袋上的联系方式要突出店址、电话、微信二维码，方便顾客在需要时能够快速找到。

选择合适的材料、工艺

材料与工艺决定着手提袋的品质，对于这两项的选择要结合美容院的定位来考虑。如果是高端定位的美容院，那么在手提袋的材料和工艺的选择上，可以参照奢侈品品牌的手提袋，例如，材料选用白卡纸，工艺选用覆亚膜、烫金、起凸等。如果是中等定位的美容院，可选用铜版纸仅覆亚膜。

■ 美容院手提袋的使用

美容院在使用手提袋时，需明确手提袋作为宣传物料，只有流通出去才能发挥作用，积压在仓库只会造成资源浪费。现实中，美容院因为手提袋有制作成本，给顾客时省着发、省着用。却忽略了手提袋本身就是消耗品，放在仓库不仅无法增值，放置时间过长还会产生损耗。

除在顾客参加促销活动、购买产品、携带中奖奖品的时候发放外，在平常也要主动鼓励顾客日常使用手提袋放置个人物品，甚至可批量赠送，比如一次给5～10个。手提袋具有实用功能，正常情况下顾客不会随意丢弃。只要保留手提袋，顾客及其家人自会重复使用。对美容院来说，使用的人越多，使用的频率越高，广告宣传的效果就越好。

另外，在条件允许的情况下，美容院还可以免费提供给其他商家使用，比如超市、便利店等。超市、便利店通常使用的是一次性塑料袋，其质感远不如手提袋；还有一些商家还没有意识到手提袋的宣传价值，免费提供给他们，一般都会接受，因为可以让他们在不增加成本的情况下提升顾客满意度。而对美容院来说，每发出一个手提袋，就多一次品牌曝光的机会。"星星之火可以燎原。"当发放量达到一定规模，目标顾客看到的次数多了，品牌效应自然就出来了。

10

美容院礼品箱：让顾客尖叫的百宝箱

—————— SECTION

　　本节所说的礼品箱，实际上是指美容院需要长期准备充足的促销礼品。美容院需要经常做各种促销活动的，几乎每个月都会举办。而礼品是活动中不可缺少的物料。笔者在为全国的美容院提供营销辅导的时候，发现经营者总是因送什么礼品而犯愁。礼品既要有新意，又要低成本；既要满足顾客偏好，又要符合员工推广需求；既要高大上，又要接地气；既要精致，又要有实用性。这对策划者是一大考验。

　　从专业角度来看，选择促销礼品确实是美容院的一个常规运营事项。也许有人会说，为什么美容院一定需要礼品，不送礼品不行吗？提出这种疑问的人，可能对美容行业的用户心理缺乏认知。美容院之所以需要常备礼品，主要有以下三大原因。

　　原因一：美容院的主要顾客群体是女性。女性顾客注重情感体验。心理学表明，礼品能满足其被尊重与呵护的心理需求。女性也更喜欢仪式感，有了礼品，仪式感更强。同时，收到礼品也是自我价值认同的体现。

　　原因二：应对顾客"喜新厌旧"的消费心理。消费者普遍追求新鲜感。如果美容院每次促销的形式都一样或者赠送的礼品都一样，顾客就会感觉没有新意，从而无法产生消费欲望。

　　原因三：化解消费倦怠。顾客在美容院时间久了以后，就会出现消费倦怠，在此状态下顾客在可消费可不消费的时候会毫不犹豫地选择不消费；在可消费多可消费少的时候会毫不犹豫地选择消费少。但是，如果每次都有惊喜，都有非常喜欢的礼品，顾客的选择可能会改变。

美容院选择礼品时传统的做法是亲自去采购，一家一家地看，一种一种地选购，需要花费大量的时间和精力。随着电子商务的发展与完善，礼品采购渠道更为多元化，效率显著提升。笔者建议美容院对礼品做个简单的分类，比如，将礼品分为电子产品、文创产品、家居产品、小家电产品、食品类产品等几个大类，并寻找稳定的供应商。术业有专攻，各礼品公司的产品定位不一样，特色与优势也不一样。整合好固定的礼品公司之后，美容院可在需要时向供应商提交需求，通过样品比对与报价评估选择最优项。

■ 美容院选择礼品的五大原则

创新性原则

人都喜欢新事物，有创意的礼品能迅速吸引顾客注意。创新可以是材质的创新、工艺的创新、表现形式的创新、颠覆性的创新等，无论是哪一种创新，都是有价值的。总之，礼品得有创新性。

流行性原则

美容行业是时尚行业，需引领潮流趋势。因此，美容院的礼品也应契合当下流行元素。美容院选择礼品时优选新流行的单品，避免陈旧款式。

高质量原则

美容院选择的礼品质量要高于市场同类礼品。顾客会自行对比，如果质量逊色于同类产品，反而损害品牌形象。尤其是在消费升级背景下，质量过硬是基本要求。

高性价比原则

即使是有新意、流行、质量过硬的礼品，如果采购成本过高，对美容院来说也是极不合适的。礼品本质是促销工具，不是需要销售的产品，成本过高就偏离了主题。

退换货原则

这一点是需要特别强调的。因为这是之前很容易被美容院所忽略的点。很多美容院在批发市场采购礼品，几乎不存在退换货情况。笔者多年来辅导大量美容院的时候了解到，基本上每一家美容院都有大量的库存礼品。比如这一次活动采购的礼品，到活动结束后，仍然还有很多，有的是某个单品，有的是整套的。长期积累将造成巨额资源浪费。所以，美容院要明确向礼品公司提出支持退换货的要求。

以上内容只是礼品选择的基本原则，在此基础上礼品还兼具文化内涵或趣味性等附加价值，就更能为美容院带来意想不到的效果。

■ 美容院礼品的使用安排

拓客礼品

美容院在做拓客活动时使用的礼品。在美容院比较集中的地方，人们经常会发现，美容师成群结队抱着枕头、水杯、收纳筐、遮阳伞等家居礼品在大街上推广拓客卡。这些礼品就是专门用于拓客的。相对来说，拓客礼品的价值没有店内销售赠送的礼品高。

答谢礼品

这类礼品一般用于大型沙龙活动，用来答谢长期支持美容院工作的顾客或者支持力度较大的顾客；也可用来答谢美容院外部的一些贵宾，如战略合作单位、老板的重要朋友等。

套盒销售礼品

在美容院日常销售过程中，针对购买单个套盒产品或者单个项目的顾客所赠送的礼品。

大套餐礼品

当顾客一次购买了多个套盒或者多个项目，消费金额在10000元以上时所送的礼品。顾客支持美容院业绩，美容院就应该表示感谢，有所回馈，因此这类礼品有要一定的价值。

储值卡礼品

顾客在美容院办理储值卡时赠送的礼品。储值卡实际上是预付卡，意味着顾客在未消费前就支付了款项。对美容院来说，顾客办理储值卡证明顾客对美容院有高度的信任感。因此，对办理储值卡的顾客，应该给予较高价值的礼品。

幸运抽奖礼品

前文讲过，美容院为了增加顾客再次进店的机会、给顾客意外惊喜、促进顾客成交，挖掘顾客新的消费需求时，可以在店内长期设置抽奖的环节。抽奖就意味着要提供奖品。针对抽奖环节，美容院可以自主决定奖品和规则，例如根据目标顾客的具体情况来确定奖品。

使用礼品时应注意以下事项。

第一，不可喧宾夺主。笔者曾在广西桂林的一个县城偶遇一家美容院在户外做活动，活动现场摆满了锅碗瓢盆等厨房用品，吸引了很多人围观。

围观的人都以为活动方是卖锅碗瓢盆的，真是让人啼笑皆非。这就是典型的喧宾夺主现象。美容院要牢牢记住，礼品在营销活动中只是起到促进和辅助作用，绝不是主要作用。

第二，避免为他人作嫁衣。有些美容院为了让礼品更具吸引力，尤其是一些具有新意的礼品，花费很多篇幅去展现和介绍，结果把顾客的关注点都引到礼品上去了，顾客甚至忘记了美容院的产品。因此，当顾客对美容院的产品产生兴趣后，再简单介绍礼品，不可主次不分。

11

拓客计划表：让拓客成为员工的日常
工作

美容行业存在一个普遍现象：专业的拓客公司大行其道，在众多缺客源的美容院中备受青睐。

这实际上是一种行业的悲哀。这是美容院在经营上"过度依赖"的表现之一。美容院的"过度依赖"还表现为：缺业绩找营销公司、缺项目找项目公司、缺管理找管理公司、缺培训找培训公司等。美容院的经营管理完全依赖外部机构，自己没有任何优势。一旦遭遇市场环境变化，便不堪一击。

就拿拓客来说，多数情况下，美容院完全没必要找拓客公司。事实上，专业拓客公司的服务并不能让美容院满意。原因是留客率、转化率太低，拓展了100名顾客，成交留下的可能就1～2名，投入与产出不成正比。拓客公司为保障承诺的客源数量，往往会选择降低门槛，提供过度优惠等手段。为了数量而拓客，顾客质量必然没有保障。

有的美容院会辩解，"店里没有美容师"或"店里美容师不会拓客"。那么，没有美容师，拓客后由谁服务？美容师不具备拓客能力，其价值何在？若美容师连拓客都做不了，说明其销售能力不行。

表面是美容师能力不足，本质上是美容院老板的管理失职。根源在于美容院没有培养美容师，没有给美容师拓客的任务。

美容院老板常说"顾客需引导"，却忽视了美容师同样需要引导。如果一家美容院做好规划，将拓客当作美容师日常工作的一部分，当作绩效考核的一项指标，客源问题便能有效缓解。

下面，我们就探讨一下美容院如何使拓客成为美容师的日常工作。

解决美容师拓客的动力问题

再好的汽车，没有发动机是跑不了的。人也是一样，没有动力是做不好事情的。同时，动力问题也是意愿问题。在现实中，如果一个人不愿意干一件事情，我们通常会说他干这件事情的动力不足。要让美容师有拓客动力，根本的方法就是提高收入。提高美容师收入最直接的做法就是在现有薪酬模式的基础上增加拓客绩效工资。每月完成拓客任务后就可以拿到绩效工资，同时谁拓来的顾客由谁服务，服务另有提成，成交了还有销售提成。这一番操作下来，美容师的收入就提高了。美容院还担心美容师拓客没动力吗？

制定拓客套餐

在制定拓客套餐前，美容院必须达成一种共识：拓客是为了留客，要注意质量而不是数量。基于这个共识，笔者建议美容院将拓客套餐的门槛设定在 50～100 元。因为门槛太低了没质量，门槛太高了拓客难度大，这是普遍规律。当然，如果是高端、大型的美容院，拓客门槛可适当提高。

在确定了拓客套餐的门槛之后，需进一步设计拓客套餐包含的具体内容。体验项目应选择店内的特色项目，有特色才能吸引人；体验次数最好定为 2～3 次，可提高留客的转化率。另外，还需要有一个拓客礼品，现场购买拓客卡即送礼品，有利于提高拓客成功率。

建立团队拓客竞争机制

如果美容院有足够的美容师，在拓客的时候一定要有竞争机制，营造良性竞争氛围。既可以分组竞争，也可以单个竞争。操作方法大体就是将销售的拓客卡收入，拿出一定的比例当作奖金。比如拓客卡金额是98元，可以拿出来50元当作奖金。输掉的或落后的一方，无法获得奖金。具体竞争方案可以根据店内美容师实际人数来确定。

做好拓客计划的实施安排

针对"什么时间去拓客、去哪里拓客、是一起出去拓客还是轮流出去拓客"等具体事项，美容院要统筹规划。不能因为拓客影响美容院对老顾客的服务。还应选择美容院相对不忙的时间段。有的美容院周一、周二不忙，有的美容院周六、周日不忙；有的美容院上午不忙，有的美容院下午不忙。在人员安排方面，建议选择轮流出去拓客。如果人员集中外出拓客，会影响店内顾客的服务，给顾客留下不好的印象。笔者曾经辅导美容院制定了店外拓客值日表，规定了时间、人员、地点、目标等，一目了然。

加强培训、交流与复盘

拓客之前要开展基本培训，包括开场诉求、疑问解答、团队协作等内容。美容师要提前做好准备，避免顾客回答不了。每次拓客回来之后，要针对拓客过程中出现的问题组织大家及时探讨交流，认真复盘总结，争取一次比一次效果好。

定期开展拓客表彰

如果美容院每个月都有开展月启动大会，对拓客的表彰可以放在会上；如果没有，美容院则可以专门召开拓客表彰会。对于在拓客过程中取得优秀成绩的、拓客有质量的、进步比较快的美容师进行表彰。除了物质奖励之外，还要发荣誉证书或者奖杯。因为，精神奖励有时比物质奖励更有意义。物质奖励消费后易被遗忘，而证书一般都被长期珍藏。

■ 内拓与外拓齐头并进

在美容行业，户外拓客被称为外拓，通过发动老顾客转介绍叫作内拓。内拓同样不可忽视。从难易程度来说，内拓相对外拓更容易，拓客质量更高。发动老顾客转介绍需满足以下条件。

一是店内有一定数量的老顾客基础。主要是指足够数量的有效顾客。如果说店内本身有效顾客不多，发动转介绍效果有限。如果店内有效顾客超过50人，就完全具备了转介绍的基础。

二是顾客满意度比较高。即店内顾客对服务普遍满意。衡量美容院顾客满意度有以下两种方法：一是看投诉率，若某段时间内零投诉或者投诉率在1%以下，就说明顾客满意度良好；二是看顾客的反馈率，若这段时间经常有顾客表示满意或者赠送锦旗，同样说明顾客满意度较高。要记住，顾客满意度高的时候，是发动转介绍的最佳时机。

三是客情关系好的时候。如果美容师想让一个老顾客给介绍新顾客，必须具有一定的客情关系。只有客情关系好了，顾客才会信任美容院并介绍新顾客。如果客情关系还没发展到位，即使顾客对你的服务满意，也不一定愿意转介绍。因为在顾客眼里，双方仅限于买卖关系。客情关系可通过两点判断：一是顾客会不会主动分享个人事务；二是顾客会不会主动表达好感。如果没有出现上述行为，那就说明客情关系还待深入。

转介绍的顾客人选是至关重要的。一般适合转介绍的顾客有以下特点。

（1）喜欢分享。此类顾客认为"独乐乐不如众乐乐"。只有喜欢分享的人才会愿意转介绍。

（2）乐于助人。喜欢帮助别人的人也适合转介绍。比如一名顾客发现美容院减肥效果好，而自己的闺蜜正在为减肥犯愁，如果她乐于助人就会主动转介绍。

（3）有消费实力的顾客。根据"物以类聚，人以群分"规律，此类顾客会介绍同层次客群。美容院应重点推动有消费实力的高质量顾客的转介绍，以确保新客质量。

针对内拓工作，美容院一样可以列出计划表，包括"哪个美容师、发展哪个顾客、什么时间实施、什么时间达成、需要怎么配合"等内容。同样，内拓也需要设计转介绍激励机制。通常情况下，建议采用项目服务作为奖励。

12

便携式展台：微型的美容养生展

便携式展台源于会展经济的发展，是展会营销的一种工具。

会展经济是指通过举办大型会议、展览活动汇聚商流、物流、人流、资金流与信息流，直接促进商贸与旅游业的发展，不断创造商机并吸引投资，进而拉动其他产业的发展，并形成以会展活动为核心的经济生态。随着会展经济的发展，现在各级城市中各种类型的展会越来越多，美容院可以借助当地的会展来开展营销。因为会展最大的特点就是人流集中，可以为美容院解决客源难题提供一定的帮助。

如果美容院拥有便携式展台，就可以随时随地举办自己的微型美容养生展。

便携式展台为移动展示装置，主体是标准桌台，两侧各竖起一根细圆筒状的钢管，用于支撑顶部横向牌匾，从而构成完整展架结构。一般情况下，顶部牌匾可以安装射灯，也可以挂上吊旗；桌台基本用于陈列各种产品；桌面至地面的部分，可以设置图文海报或 KT 板。

■ 便携式展台的使用场景

沿街门店的店门口

繁华商业街或步行街人流量密集，把便携式展台摆在店门口的路边，就可以吸引路过的目标顾客群体。路过的人至少会看一眼，有兴趣的顾客还会咨询，这样就等于创造了销售机会。如果顾客愿意体验，就可以直接把顾客领进店内。即使过路的人没有刚性需求，展台仍能激发其了解兴趣。这是在沿街门店的门口摆放便携式展台的意义所在。

社区内

社区内的美容院，可以设置在社区的门口、重要路口和人群集中的广场。社区附近的美容院可以在一些有潜力的社区内摆上便携式展台。两者的核心目标顾客群体都是社区居民。

展会现场

美容院可与目标顾客群体在行业展会现场直接接触，如婚庆展、家居展销会、车展、房展、珠宝展、美食展、奢侈品展。这些展会中，有的是大型的，一般在会展中心举办；有的是小型的，在某个广场举办。无论是哪一种类型，在条件允许的情况下，美容院都可以报名参与。一方面可以将其作为一种拓客的方式，另一方面也可以现场销售美容院里的产品。

■ 辅助工具

便携式展台虽然便捷，但还是需要一些辅助工具的，以下介绍几种常见的辅助工具。录音喇叭，预录营销话术循环播放，适合人多拥挤的时候，即使顾客无法看到展台，也能听到宣传内容。气球，通过可爱的造型以吸引目标顾客的注意力；还可以吸引路过的小朋友，小朋友来了，那么家长也就跟来了。展架或易拉宝，根据需要准备1~2个摆在便携式展台的旁边，其内容可以是优惠套餐、特色项目介绍或美容院简介。

■ 品项选择

品项是便携式展台桌面需要展示出来的内容。通常包括以下内容。

居家产品

居家产品指顾客可以自行在家使用，不需要美容院提供服务的产品。这类产品可以直接销售，也可以与店内服务捆绑销售，例如购买居家护肤品，送到店的肩颈调理服务，既能促进产品销售又能为门店拓客，达到一举两得的效果。

便携式检测设备

如智能皮肤检测仪、经络检测仪等，通过现场检测发现顾客需求点，为其提供解决方案。当检测出问题后，顾客自然会咨询解决方案，销售机会便产生了。

拓客卡

拓客是摆放便携式展台的主要目的，所以必须要备有拓客卡。拓客卡也可在现场进行销售。此外，还应配套准备登记表、收据、笔和记录本等物料。

礼品

礼品用于配合家居产品和拓客卡的销售。按照美容院的既定计划，确定拓客卡和家居产品分别对应的礼品和数量，销售成功后赠予顾客。

宣传册

宣传册可以让潜在顾客快速详细地了解美容院的环境、硬件；美容院的主要特色品项；美容院的技术优势；美容院的增值服务；美容院的文化及地址、电话。

单就拓客而言，使用便携式展台比纯粹地靠人员推销拓客卡更具有优势。便携式展台首先是一个摊位，可展示的内容更多，展示的方式也更加灵活。

如果只是单人推销，可携带的物料有限，展示方式也有限，效果必然受限。

■ 使用便携式展台的注意事项

做好保管

展台需要安装和拆卸，需要轻拿轻放，避免损坏。相应的配套物品要与便携式展台存放在一起，避免使用的时候找不到。

需协调好各种关系

在临街店铺门口摆放的，要遵照城管的管理规定；在社区内摆放时，要征得物业公司的同意；在各种展会现场摆放时，应提前与主办方沟通。所产生的成本可根据具体的情况支付费用或通过资源置换解决。

不断总结优化

每次使用便携式展台都要进行相关的数据统计与分析，并做好总结。分析不同场景的效果差异。效果好的继续保持，没有效果的找出原因，该放弃就放弃，该改进的就改进。

做好人员安排

每一次活动都要制定人员值日表，还要有相关的奖励机制和竞争机制。为展销取得良好的效果提供人员方面的保障。

■ 美容院使用便携式展台的成功案例

美容院借力会展经济营销大满贯

笔者曾经专门为江苏常州的一家美容院策划了使用便携式展台的系列

活动。如与家居团购会合作，在团购会期间向参会者赠送美容院价值1000元的项目体验券；与婚博会合作，销售完美新娘套餐；与房展会合作，将商品房与美容院价值5000元的项目卡捆绑销售；与车展合作，推出"人车保养一卡通"。以上四种方式，均取得了良好的效果，既能拓客又能实现业绩倍增。

13

便携式音响：打造美容院自己的 "好声音"

美容院作为服务场所，可以配备音响设备营造沉浸式听觉体验，通过音乐吸引顾客驻足并延长停留时间。如果美容院的音响设备换成便携式、可移动的，那么使用范围就更加广泛。

■ 便携式音响的特点

方便携带

便携式音响体积小、重量轻，携带非常方便。无论是手提还是通过自行车、电动车、汽车运输都十分便捷。

不需要外接电源

传统的音响必须外接电源，对适用场地有要求。而便携式音响就完全没有这种限制。无论是街道，还是广场、公园、景区都可以使用。

可无线连接

便携式音响内置蓝牙模块可与手机、笔记本电脑等设备连接，实现移动端音乐资源无缝传输至音响设备。相比通过插入 U 盘或者连接电脑才能播放的传统音响，操作更为便捷。

■ 便携式音响的六大应用场景

晨会音乐

美容院在每日营业前开晨会时,有一项环节是唱歌、跳舞。晨会一般在美容院店门外召开,活力四射的美容师穿着统一的工装,唱着充满激情的歌曲,跳着热情的舞蹈,无疑是一道亮丽的风景。使用便携式音响可灵活适应室内外场景,既能在晨会时使用,也可在店内会议中使用。

服务时的背景音乐

美容师在给顾客提供护理服务时,美容院可以用音响播放背景音乐。背景音乐的选择是非常有讲究的。通常情况下,应选择比较舒缓的治愈系经典音乐,如钢琴曲、爵士乐等,让人听着非常舒服、非常享受。在中秋节、圣诞节、元旦则适合播放一些应景的音乐。

做促销活动时的现场音乐

当美容院在周年店庆、重大节假日、"双 11"电商节等举办大型的促销活动时,需要配合活动播放音乐。这时候一般选择比较欢快的音乐,一方面可以活跃活动现场的氛围,另一方面能够提升顾客的消费欲望。

户外拓客时的音乐

美容师整个团队在户外做拓客时,也可以携带便携式音响。拓客时播放的音乐主要是为了吸引目标顾客,所以拓客时播放的音乐,宜选择网络流行音乐。

小型沙龙会的会场音乐

美容院在店内举办主题为"红唇派对""红酒会""魅力女性讲座"等小型沙龙会的时候，也需要使用便携式音响播放音乐。根据会议流程可灵活配置不同环节的音乐，比如开场音乐、主持人上场音乐、嘉宾上场音乐、颁奖音乐等。

参加相关的展会时的音乐

美容院在参加婚庆展、珠宝展、服装展等与美容顾客群体定位接近的展会时，无论是固定展位或便携式展台，都可以使用便携式音响播放音乐来烘托氛围、吸引眼球。

■ 如何打造美容院自己的"好声音"

当今是全民 K 歌的时代，人人都可以成为歌手。作为唱歌的人都想得到更多人的认可、喜欢、点赞。美容院的顾客群体自然也不例外。所以，美容院完全可以把便携式音响当作为顾客提供的一个唱歌平台，发动爱唱歌的顾客，将其好听的歌声通过便携式音响播放出来，从而打造属于美容院自己的"好声音"。

确定好主题方向

美容院"好声音"选择的歌曲，应明确主题，而不是任由顾客发挥。美容院可以结合便携式音响六大应用场景中的"晨会音乐"和"服务时的背景音乐"类型。让有兴趣和想参与的顾客围绕这两种音乐类型进行发挥和创作。美容院"好声音"活动可以根据店面实际情况选择举办次数，如每个月举办一期或每季度举办一期等，每期聚焦一个主题。

设定奖项与奖品

"好声音"活动可以设入围奖及一、二、三等奖，获奖人数要根据店内顾客数量和报名顾客数量来确定。如果报名人数较多，可以将获奖人数控制在 10 名以上，反之则控制在 10 名以下。奖品可以设定为店内的特色产品和服务项目，奖次不同，奖品的价值和数量也不同。比如入围奖的奖品是一个单支产品或单项单次的项目体验，三等奖可以是小套盒，二等奖是价值更高的套盒，一等奖是价值最高的产品或项目。

宣传造势

美容院可以通过线下和线上两种方式宣传"好声音"活动。线下，通过在店内做海报、展架、吊旗、LED 显示屏等方式展示；线上，通过美容院自己的微信公众号发文，并在其他新媒体账号上进行转发，或在视频号上制作、推送部分活动视频。

报名参赛

顾客报名的时候除了要提交个人简介，还要告知顾客每个选手都有为自己拉票的权利和义务。这就是活动的最终目的给美容院"吸粉"，带来新顾客。

评选过程

美容院可以利用微信公众号的投票功能，将每一名顾客的参赛作品发布到公众号上，让顾客发动自己的亲友团进行投票，根据得票数量确定获奖结果。其实，选手拉票的过程就是美容院涨粉的过程。

颁奖仪式

每一期"好声音"都要在店内举办一个小型的颁奖仪式，除了颁发奖品，还应该给每个获奖者颁发荣誉证书。可以邀请当地的名人或者业内专家作为颁奖嘉宾，同时也可以邀请当地媒体到现场拍摄，进行宣传报道。这样不仅可以增加活动的影响力与含金量，还可以增加美容院的知名度。

获奖作品的使用

将获奖的"好声音"作品用便携式音响在美容院里循环播放。当顾客听到自己的歌声成为美容院的背景音乐时，会产生荣誉感。这种感觉是用金钱买不到的，因此会增加顾客的黏性和忠诚度。

针对获奖的"好声音"作品在美容院便携式音响播放事宜，美容院需要获得歌曲版权，并与获奖的顾客签订一份简单的授权协议，从而避免知识产权方面的法律纠纷。虽然这是个小事情，但却不容忽视。之前在美容行业曾经发生过类似事件，美容院未经顾客同意将顾客减肥前后照片刊登在报纸广告上，发生了法律纠纷。

14

十万顾客计划：让年业绩轻松过百万的秘籍

如果一个大型美容院一年的业绩目标是100万元，那么消费满5000元的顾客需要200名，消费满1万元的顾客需要100名，消费满10万元的顾客仅需要10名。

由此可见，对于年业绩目标在百万元的美容院来说，能否拓展到消费满10万元的高端顾客，是达成年业绩目标的关键。

"十万顾客计划"是指美容院通过拓展提高单客消费满10万元的顾客数量来实现全年业绩目标的策略。笔者在与很多美容院负责人沟通的时候发现，美容院总是习惯于从产品角度规划业绩，如面膜得卖多少盒，美白套得卖多少套，抗衰套得卖多少套等，这种思路本身没有什么不对，只是思考顺序需调整。

应该按照顾客优先的原则，先分析顾客，再去思考卖什么产品。产品分析得再好，卖给谁？没有那么多顾客，怎么办？或者顾客买不了那么多，怎么办？如果没有先明确目标客群及需求，业绩目标就很难达成。

■ 十万顾客计划的实施步骤

第一步：筛选目标顾客

先把最有可能一年消费10万元的目标顾客筛选出来。这些目标顾客通常被美容院称为A类顾客。那么什么样的顾客才是A类顾客呢？需要设定一个标准。

一是有消费需求。美容院分析顾客，一定要坚持需求第一的原则。顾客再有经济实力，店内服务再好，活动再优惠，如果顾客没有需求，一切都是白费力气。所以，美容院一定先优先挖掘需求明确或潜在需求高的顾客。

二是有消费实力。顾客有一定的经济实力，这是关键条件之一。如果一个顾客消费需求很高，也很迫切，但经济实力不允许，那最终还是无法实现成交。

三是有消费意识。在美容行业，消费意识就是美容意识和健康意识。有了消费意识，顾客才愿意消费、敢于消费。现实中，有很多顾客愿意在衣食住行上花费大量金钱，但就是不愿意在美容养生和身体保养方面花钱。主要原因是其没有美容养生意识。

只有同时具备以上三个条件的顾客，才能被称为A类顾客。但是，除了消费实力方面，美容院无法影响之外，顾客的消费需求可以挖掘，顾客的消费意识也可以培养。

第二步：成立十万顾客计划工作组

筛选出来目标顾客后，要明确由谁来负责跟踪、服务、维护、成交等流程。这就需要成立一个专门的工作组。工作组的成员应是美容院的"精兵强将"，具备技术好、专业强、会沟通、有阅历等特质，普通美容师通常是不可能胜任的。

我们知道高质量的高端顾客往往具备身份、地位和阅历，所以工作组的成员必须与目标顾客的特点相匹配，能与之同频。

从工作组人员的结构上来说，应由优秀的美容师、成熟的美容顾问、经验丰富的店长与老板组成。组长由老板或店长担任，主要负责工作的组织安排。在确定好工作组成员以后，就要将目标顾客按成员专长进行分配，同时，在工作推进中，工作组成员之间要互相帮助、互相配合。

十万顾客计划工作组在美容院中属于一个非正式组织，并不是实际存在的部门。所以，工作组成员不能因十万顾客计划影响美容院日常的工作或计划。不能以此为借口，忽视美容院日常的活动。

第三步：确定奖励机制

计划启动前需明确奖励机制，确定整个小组如何奖励，个人如何奖励，100% 达成目标如何奖励，80% 或 60% 的达成率又是如何奖励，首单达成有什么奖励……

老板作为经营者，可以先拟定初步方案然后再与大家一起商讨，最终决定后，由所有工作组成员签字确认。

第四步：一客一方案

工作组要为每位目标顾客量身定制消费方案，再具体一点就是明确 10 万元预算对应的产品及服务项目。在制定方案之前，要对每位目标顾客的情况做详细而全面的了解和精准的把握。包括顾客现有的消费项目、潜在需求、性格类型、兴趣爱好、家庭关系、社交圈层，等等。

每位目标顾客的方案，可以是一次性成交方案，也可以是分阶段成交方案。一次性成交方案就是顾客一次性消费 10 万元的产品或服务，适合有经济实力、消费需求高、消费意识强、决策果断的顾客。分阶段成交方案的目标顾客，需要规划每个阶段的时间、项目、金额及策略。

每个组员应根据所负责的目标顾客的具体情况，拟定成交方案初稿，然后进行集体讨论优化，确保方案的可行性。

第五步：每月召开进度会

虽然说十万顾客计划是年度目标，但绝不能等到年底才看结果。因为等到年底，无论结果是什么样，都已经形成事实，无法挽回了。所以，一定要做到动态把控，每个月按计划推进，并根据推进的结果做出相应的调整或针对出现的问题提出有效的解决方案。

在每个月的进度会上，每个组员要汇报自己负责的每位顾客的推进进度，然后团队共同提供意见和建议。

需要注意的是，在进度会上要遵守一个原则：不批评、不否定，多表扬、多建议。这样可以避免小组成员精神内耗，营造一个良好的工作氛围。

第六步：随时展开顾客分析会

在实际的工作推进中，若发现某顾客推进受阻，需立即召开顾客分析会。工作组全员参加，一起想办法。因为每人都有各自的工作方式、方法和做事风格，顾客的接受度也各有各的不同。在这个时候，就需要团队协作，召开顾客分析会，一方面可以及时发现问题、解决问题，另一方面也是工作组成员高效学习提升的机会。避免同类问题重复发生，同时成员间也可以共享好的工作方法。

第七步：年终结果评估

十万顾客计划实施一年，年业绩目标可能是100%达成了，也可能只部分达成了。如果一个美容院年业绩目标是100万元，通过实施十万顾客计划，挑选了10位目标顾客，其中3位顾客成功签约，完成了30万元业绩，那么剩下的70万元业绩可通过常规客群达成。换个角度来想，全年年业绩目标只有70万元了，也就是说按照整体业绩目标只要再达成70%就完成了。这才是实施十万顾客计划的价值和意义所在，即让全年业绩目标的达成更轻松。

其实，十万顾客计划只是一种销售策略，"十万"只是个数字，不同的门店数字可以不一样。顶级美容院可以是"百万顾客计划"，小型美容院可以是"五万顾客计划""三万顾客计划"，甚至"一万顾客计划"也可以。

15

增值服务：让美容院拥有海底捞式的服务

—————————— SECTION

同样是服务行业，在餐饮行业，海底捞将服务做到了极致，至今无人超越；在美容行业，却没有听到过哪一家美容院将服务做到了极致。不能不说，这是个遗憾。也许，美容行业有一定的特殊性，服务过程不宜公开展示，但在服务创新上仍有巨大潜力。

中国经济已经进入高质量发展时代，美容院也应与时俱进，为顾客尽可能提供更多的优质服务。增值服务是美容院高质量发展的主要表现方式。

增值服务，也被称为附加值服务，指超出正常服务范畴的额外服务。就像海底捞餐厅提供的免费美甲、免费擦鞋、免费零食、免费果盘、免费提供眼镜布和皮筋等，都属于增值服务。因为这些都属于顾客点餐之外的服务，却精准契合顾客需求。增值服务具有如下特点。

（1）以满足顾客需求为出发点。增值服务必须是顾客有真实需求的，如果不是真实需求，就容易出力不讨好。

（2）有针对性的服务。像海底捞的美甲，是针对爱美女性；擦鞋是针对穿皮鞋的人；眼镜布是给戴眼镜的人；皮筋是为头发长的女士准备的。

（3）整体成本不高。海底捞提供的增值服务，相对而言，整体成本都不高，与正常消费提供的服务相差很远。

■ 美容院可以提供的增值服务

剪发：这是顾客的真实需要，而且女性在剪发方面要求较高。

美甲、美睫：既然海底捞都能提供，美容院更能提供。

美颜茶、养生粥：顾客在做护理前后，都可以享用。

零食、果盘：不一定要很多，但一定要精致。

淋浴：看似有点多余，但实际上很有必要。

搓澡：本来是洗浴中心的业务，但其实美容院也是可以有的。

泡脚：泡完脚很舒服，做护理效果更佳。

……

美容院也可以根据自身优势来规划增值服务。有的美容院属于街边店，大多使用二楼空间，一楼空间往往只设前台。那么，一楼完全可以利用起来，用作为剪发、美甲、美睫、泡脚的地方，这样并不影响二楼的常规护理服务；有的美容院淋浴间比较大，则完全可以提供搓澡服务。可能有人会对搓澡有疑问，事实证明该服务不仅能够实施而且效果良好。在中国北方，大部分大中型美容院都有专业的搓澡服务。笔者曾见到河南郑州某家美容院增加了搓澡服务，很受顾客欢迎。还有泡脚，基本不需要人工服务。笔者曾给全国各地很多小型美容院规划将泡脚作为增值服务，这项服务相对比较简单，根据美容院店内空间采购相应数量的泡脚木桶和中药包就可以。增值服务会给顾客带来全新的消费感觉。

■ 增值服务的效果与作用

有利于拉动销售业绩增长

虽然美容院增加了增值服务所需的额外投入，但实际上降低了销售的难度，因为对顾客来说同样的活动方案，额外增加了一种服务，更具吸引力，购买意愿就增强了，成交率提高了，业绩上涨就"水到渠成"了。

有利于拓客

目前，美容行业中增值服务还没有普及，率先落实增值服务的美容院就会形成差异化优势，通过顾客间的自发传播可吸引来新客源。

有利于提高美容院经营效益

纵观很多成功的服务性企业，都是在服务上追求精益求精，做到极致。海底捞以及河南的胖东来商超都是如此。美容院若持续优化服务，整个经营效益都会跟着提高。

有利于提高美容院的知名度、美誉度和影响力

郑州金水区一家美容院增加了剪发、美甲、搓澡三项增值服务，这些服务使其迅速在行业内脱颖而出，不仅被顾客称为"美容行业的海底捞"，而且在美容从业人员中形成了良好的口碑，吸引了大批同业人才，美容院的招聘效率大幅提升。

■ 美容院增值服务的实操

结合美容院自身条件

美容院增加增值服务项目时需要结合门店实际情况。较为简单，比如泡脚，几乎所有的美容院都适合；但有的相对专业，比如搓澡、剪发、美甲、美睫，不仅需要合适的空间，还需要专业人员支持。美容院在增加增值服务的时候，需要循序渐进，优先实施与现有资源匹配的增值服务项目，待条件成熟后再逐步扩展。

制定相配套的销售方案

首先，要塑造增值服务的价值，一方面强调这项服务的作用和功能，另一方面就是要有合适的定价。比如中药泡脚可以排寒湿、助眠、解乏；搓澡可以将皮肤清洁得更彻底。定价的时候，可以参考市场价。

其次，确定让顾客享受增值服务的方案与方法。有些服务项目可以针对所有顾客，有的服务项目是针对老顾客，而有的服务项目需设置消费门槛。比如搓澡，可以设定为会员专享的项目，只有成为会员才能免费享受。而成为会员是有消费门槛的，美容院可以根据自身情况来确定，消费额可以定为5000元，也可以定为10000元。

最后，根据顾客情况灵活操作。比如有的增值服务项目仅限消费在10000元以上的会员专享，但是会员携带亲友可以免费享受一次专属服务。这样的操作可以实现三重效益：老会员尊荣感强化，在亲友面前凸显了会员身份；潜在顾客享受了专享服务，别人是成为会员才能享受，自己则是免费体验；为转介绍拓客提供了机会，会员带来的潜在顾客更容易被拓展为会员。

做好成本控制

毋庸置疑，美容院的增值服务是需要投资的，会增加经营费用和服务成本。现实中，很多美容院只考虑了成本增加，却没有考虑如何降低和控制成本。在这些成本中，人工成本占比最高，因为硬件投资基本是一次性的。人工成本可以根据美容院具体情况来解决：如果是连锁店，可以安排专职人员轮店服务。比如一名专职美甲师服务3～5家门店即可，这名美甲师可以在每周的不同时间去不同的店服务，实行顾客预约制。美甲师的工资可分摊到3～5家店的人工成本中去，单店人工成本下降，就能达到利润大于成本的效果。

　　如果美容院是一家单店，可以采取与外部单位合作服务的方式。例如剪发服务，美容院可以与附近的美发店合作，聘请一名美发师，每周固定时间驻店服务。美容院只需要将本周需要享受剪发服务的顾客预约到固定的时间即可。美容院可与美发店谈好一个合作的费用标准，按照实际服务次数来结算。这样下来，既能节省人工成本，又能提供增值服务。

16

魅力女人讲座：美容院的顾客代表大会

目前，在美容行业有一个共性的痛点就是顾客进店率下降，按照行业数据计算，美容护理顾客每周进店一次，即理想进店率就是4次/月；而实际是进店率能达到2次/月就算不错了。全国美容师的共同感受是顾客邀约难度越来越大。尽管社会节奏加快、时间紧张是客观原因，但对多数顾客来说只是个借口而已。

为什么会出现这种状况？

很大程度上是因为顾客对过度营销的恐惧，怕去了又被推销。美容院的过度营销行为导致顾客信任度下降。本来很多定期护理的顾客，得知美容院频繁邀请外部导师驻店后，拒绝到店。因为美容院常借"外来的和尚好念经"心理，安排这些导师进行推销。

针对这种现状，笔者发现了一个有效工具，并经过反复实践验证其是切实可行的。这个工具就是坚持长期举办"魅力女人讲座"，该讲座的定位是纯粹的内容输出。

需要具备的条件

并不是每家美容院都能坚持长期举办"魅力女人讲座"，若想长期举办，有两条主要前提：一是讲师资源。讲座要有足够的讲师资源来支撑，因为每次讲座的主题内容不一样，对讲师的要求也不一样；二是场地。如果店内空间小，人多了容纳不下，就得租用会场，长期租用也是一笔不小的费用。

"魅力女人讲座"的主题内容

讲座的主题应紧紧围绕女性关心的话题，如化妆、服装、饰品、奢侈品、健身运动、减肥瘦身、美食营养、中医养生、美容护肤、两性关系、亲子教育、家庭关系、插花茶艺、艺术鉴赏、金融理财等。美容院可以根据这些主题寻找相应的讲师资源，进行系统的计划、准备和举办。

举办"魅力女人讲座"的流程

（1）讲座的策划。可以制作 H5 页面形式的电子邀请函，将讲座的主题、主要内容以及举办讲座的目的与意义、讲师的介绍、时间地点、注意事项等内容罗列出来，配上合适的图文。制作完成后，将链接发送至顾客，需要注意的是电子邀请函的最后要支持线上报名。

（2）人员分工安排。人员大体上可以分为邀约组和会务组。邀约组主要负责邀约顾客，包括电话邀约、线上邀约、线下一对一邀约。每一次都要确定参会目标顾客，并围绕参会目标顾客进行邀约。会务组主要负责主持人和讲师的对接、主持词和讲师课件等物料的准备、会场的布置、会议流程的设计及控场。

（3）注重顾客的现场互动。此类活动，切记不要让讲师从头讲到尾。美容院要事先与讲师进行沟通，明确互动形式、互动频率及配合方式等，确保充分的准备。讲师可以现场提问，参与回答的顾客有奖励，答对的人还有额外的奖励；也可以安排顾客上台展示环节，让顾客充分展示自己的风采；也可以穿插一些抽奖环节，以此活跃现场的氛围。总之，要确保在轻松、快乐的氛围中进行内容输出。

（4）不做任何销售。在整个讲座的过程中，不能有任何的销售行为，这是一个核心原则。即使首次邀约的人不多，也不必焦虑。因为顾客大都是抵触推销行为的。只要第一次不做推销，第二次参与的顾客就会多一些。

第一次参加的顾客知道没有任何推销行为，也就不再会有抵触心理。以此类推，只要长期坚持下去，参与的顾客一定会越来越多。

（5）发放随手礼。随手礼，就是参加某种社交活动时主办方赠送的便于携带的礼品。美容院举办"魅力女人讲座"，应为每位参会者准备一份随手礼。不过，随手礼的发放是有讲究的。发放的时间最好放在会议结束后、顾客离场时，一是可以避免顾客领取礼品后就马上离开，二是可以留下潜在顾客的联系方式，如电话号码或微信。

（6）在短视频平台直播。美容院可以在抖音、快手、微信视频号等新媒体平台对"魅力女人讲座"进行现场直播，让更多的人看到会议现场情况。一方面可以扩大影响力，增加粉丝；另一方面可以让没有来参加的顾客了解现场情况，促使她们下次参加。

（7）及时发布新闻稿。在整个活动过程中，要安排专业人员拍摄高清图片和小视频。一方面，可以随拍随发，比如发布到朋友圈和顾客群；另一方面，为微信公众号推文提供资料，在活动结束后尽快发布讲座相关文章，并在其他自媒体平台转发，从而加大宣传力度。

（8）听取顾客声音。每一次讲座结束后，美容院要安排人员进行跟踪回访调研，了解顾客的真实反馈，包括对活动的感觉、满意度及下一次想听的内容。然后将顾客的反馈意见进行总结梳理，吸纳并采用合理的意见和建议，对内容和流程进行优化与完善，并根据大多数顾客的想法设计下一次讲座的主题内容。

将"魅力女人讲座"打造成美容院的核心竞争力

核心竞争力就是大多数同行都做不到的，而你做到了的事。实践证明，举办一两次讲座，大多数美容院都能做到，而能够坚持每月都举办讲座的美容院几乎没有。笔者曾经给河南焦作武陟县的一家美容院策划、实施了"魅力女人讲座"项目，一方面参与讲座的顾客越来越多；另一方面，凭借这一讲座，这家美容院在当地脱颖而出。一提起这家美容院，大家就会提起"魅力女人讲座"。这就是这家美容院的核心竞争力。

所以说，美容院做"魅力女人讲座"，要么不做，要么坚持做。唯有坚持，才能产生叠加效果，形成口碑传播。

"魅力女人讲座"背后的营销逻辑

坚持长期举办"魅力女人讲座"，实际上是美容院通过一种非营销方式与顾客建立纯粹的内容输出渠道。通过这种渠道，顾客可收获精神层面的满足，学到一些知识和技能，从而扩大了对女性魅力的认知。长期坚持下来，顾客的审美和养生认知会逐步提高，进而会主动进店做护肤、养生。最终，美容院通过输出知识，达到了"不销而销"的效果。

05

第五章

美容院系统化营销的
五大支柱

美容院系统化营销涵盖战略制定、策略规划、方案设计、细节把控等，其成效取决于组织能力与执行能力的支撑。现实中，很多美容院老板不是不懂道理、没有想法、没有方法，而是无法执行或完整执行，最终达不到预期效果。

为什么同样的营销策略与营销方案，在有的美容院施行效果很好，有的美容院施行效果不佳甚至没有效果呢？除了各美容院情况存在差异之外，最主要的原因是组织能力与执行能力不同。

在这里，我们把美容院的组织能力和执行能力暂且称为运营管理能力。如果每一项工作都靠美容院老板亲力亲为，那是很累的。

其实，美容院老板之所以喊累，主要还是在运营管理上力不从心，根本原因是缺乏运营管理系统。因为没有运营管理系统，美容院的很多工作，如果老板不推动，基本就会被搁置。

把美容院的整体运营比喻成一台机器的话，老板应该做的是按下启动键，机器的各部件能够自动、有条不紊地运转才是良好的运营效果。要达到这样效果，就必须给美容院配置一套运营管理系统。这套运营管理系统包含五个板块：军团文化、数据模型、目标管理、行动计划、会议管理。这五大板块是美容院系统化营销的五大支柱。

01

军团文化：既统一思想，又统一行动

——— SECTION

每当国家和人民群众的生命财产安全受到严重威胁时，无论是地震、火灾还是洪水等灾害，挺身而出、冲在第一线都是人民解放军。他们冒着生命危险，誓死保卫人民群众生命财产安全。

是他们的薪水高、奖金多吗？

是承诺他们可以晋升吗？

显然，都不是。而是因为军团文化，"灾情就是命令"。我们常说"命令如山倒"，作为军人，只要接到命令，就要坚决执行。

在中国的企业中，将军团文化贯彻得最为彻底的应该是华为。华为不仅是中国民营企业排行榜第一名，更是跻身世界500强企业排行榜100名以内。华为之所以能取得如此高的成就，其军团文化功不可没。

毋庸置疑，作为服务行业的美容院，也是需要践行军团文化的。

■ 建立军团组织

美容院建立军团组织，实际上就是在现有组织架构基础上参照军队模式进行改造。首先将美容院全部员工纳入军团组织。如果一个美容院有10名美容师，2名美容顾问，1名前台，1名库管，1名后勤人员（保洁/厨师），1名店长，加上老板共17人。那就可以分为3个军团，10名美容师分为2个团，每个团5人，2名美容顾问分别是2个团的团长；前台、库管、后勤人员、店长可以组成一个团，店长任团长。每个团的成员向各自的团长负责，3 名团长向老板负责。

如果一个老板开了多家店，每家店可以作为一个军，每家店里每个小组作为一个团。总之，这种组织架构是自下而上的逐级负责制，即团员向团长负责，团长向军长负责，军长向老板负责，实施时要确保各级人员明确知道自己向谁负责。

同时，每个军团要起个名字，如飞鹰、战狼、猛虎、游龙等。每个军团在确定名字后，还要结合名字设计一个有激情、有力量、通俗易懂、朗朗上口的口号。如果条件允许的话，每个军团可以制作一面团旗。

通过以上步骤，首先在形式上建立军团建制。

■ 训练军团行为

要让美容院员工具有军人的气质和作风，就需要进行训练。这个训练主要采取军训形式，并在每天的晨会中不断强化。

行为动作包括立正、稍息、向左转、向右转、向后转、军体拳等。

语言口令包括"到""报告"、报数等。

训练的时候最重要的就是动作标准，发现不标准动作要立即纠正。如果能做到每天训练，长期下来，这种干练的作风自然就形成了。

■ 月月立军令状

古代的军令状，是接受军令后写的保证书，表示如果不能完成任务，愿依军法治罪。军令状是中国的一种传统文化。军令状的起源与军队行军作战密切相关，其目的是增强指挥官的责任感，确保战斗的胜利。稍有常识的人都知道，立军令状风险极大，因为军中无戏言，军令状白纸黑字，必须兑现。

那么，美容院的军令状是员工针对每月工作任务写的保证书，一般内容包括：××军团×××，从×时间到×时间要完成××任务，如果完不成愿意接受××惩罚。

军令状上的任务一定是数据化的内容，如拓客多少人，现金业绩多少，顾客进店率多少，项目连带率多少，客单价多少等；未完成任务的惩罚一般是非金钱方面的，如100个俯卧撑、200次蛙跳、打扫卫生间1个月等。店里每个成员都要向自己的上级递交军令状。

立军令状是美容院每个月启动大会上的一个环节，先是按上个月签的军令状进行奖惩，然后是立下本月的军令状。

■ 每天唱军歌

在每天的晨会上或每次的内部培训会上唱军歌，也是营造军团文化氛围的重要方式。军歌不仅充满力量，而且容易传播和记忆，如《团结就是力量》《就为打胜仗》《一切为打赢》《战士就该上战场》《坚决打胜仗》等具有明显战斗精神的歌曲。在具体安排上，可以将这些军歌按顺序排列，每周唱一首，往复循环。

■ 团建风采展示

在每月的启动大会上，需设置团队风采展示环节，这是集中体现军团气质和风采的重要环节，主题包括拼搏、奋斗、坚持、攻坚克难、团队协作等，可以参照拓展训练的一些科目进行设计。

02

数据模型：美容院版的数字经济

随着云计算、大数据、人工智能、物联网、区块链、移动互联网等技术的广泛应用，中国经济建设逐渐呈现数字化发展趋势。美容院的经营管理也进入精打细算的阶段，盈利数据模型成为必备工具。

■ 美容院基础配置数据

美容床位数

美容院最基础的配置就是美容床，无论面部护理还是身体调理等都离不开美容床。床位数决定了需要配备的美容师数量，也决定了每天最多能服务的人次。所以说，床位数是美容院服务能力的瓶颈。

根据美容院的实践经验和反复验证，确定一家美容院需要配置的美容床数量时，可以参考以下计算公式：

$$床位数 = 营业面积（平方米）/ 30$$

例如，一家美容院营业面积是300平方米，最佳床位数是300/30=10张。这并不是说一张床需要占用30平方米，而是将接待厅、过道、卫生间、库房、调配间、洗浴间等公用面积都均摊在内。

如果不知道这个公式，很多美容院在开店之初就会将美容床位数定得偏离标准。要么床位数太少，造成大量营业面积浪费；要么床位数太多，导致空间过于紧凑、压抑，影响顾客的体验感和舒适度，不容易留住顾客。

美容间配置

如今，美容院的发展已经淘汰了那种一通间全是美容床的形式，取而代之的是雅间，也就是美容间。

通常，美容间分为单人间、双人间和三人间，其中单人间和双人间较为常见。将所有房间都设置成为单人间或双人间并不合适，单人间与双人间有一个最佳配置比例，那就是2∶1。例如，一个美容院有8张美容床，设置4个单人间和2个双人间是最合适的。现在的女性都非常注重隐私，除非与闺蜜或朋友同行，否则不愿意与别人在同一个美容间做护理。

当然，单人间与双人间的数量配置，在实际当中需要灵活把握，美容床的数量不一定恰好是偶数，有时候双人间也可以当作单人间使用。

人员数量配置

美容院的人员配置首先要考虑的是美容师的数量。美容师的配置数量是最令人头疼的问题：如果数量不足，顾客来了无法及时服务，可能会直接离开；如果数量过多，又担心顾客不足，导致人力闲置。

整体来说，美容师的标配数量是床位数的1～1.2倍，当美容床少于5张的时候，一张美容床配1名美容师就可以；当美容床超过5张时，每增加5张床，增加1名美容师即可。例如，5张床需要6名美容师，10张床需要12名美容师，以此类推。这只是一个参考标准，美容院需要做的就是尽量向这个标准靠近，因为在现实中很难一次性达到标准。

除了美容师，美容院还需要配备美容顾问、店长、前台、库管、保洁等岗位人员。相对来说，只要美容师配置到位，其他岗位可以逐步完善。

这里面还需要考虑一个分配比例，即一线人员与二线人员的比例。一线人员就是最直接服务顾客的人员，即美容师，其他人员都属于二线人员。一线人员与二线人员的最佳配比是6∶1。这是很多美容院最容易忽视的问题。笔者发现，国内很多美容院中美容师数量不足，而二线人员却配得很齐。虽然大家都在拿工资，但真正干活、直接创造效益的人却很少，可以说"僧多粥少"，这样的美容院怎么可能盈利呢？

■ 美容院经营数据

顾客数据指标

美容院首先要对顾客进行细分，以便在精打细算的经营中更好地处理顾客关系。对顾客可以进行以下细分。

（1）有效客：三个月内至少进店消费一次的顾客；

（2）常客：每个月至少进店消费一次的顾客；

（3）沉睡客：也叫休眠顾客，6个月内进店消费过，但在3个月内未进店消费的顾客；

（4）流失客：连续6个月内都未进店消费的顾客，意味着已经流失了；

（5）在册客：所有登记在册的、有联系方式的顾客。

美容院服务顾客的数据指标包括：一名美容师可服务25～30名常客；一名美容顾问可管理100～120名有效客；一名店长可管理200～250名有效客。

为什么这么说呢？

因为人的精力是有限的。以美容师为例，其工作包括：维护常客、服务有效客、激活沉睡客、拓展新客，同时还需兼顾内务、培训及手法练习。若能稳定维护25～30名常客提升其满意度，保证这些顾客每月都能消费，就相当了不起。

核心数据指标

（1）现金业绩与实耗业绩。相比传统实体店，美容院有着较为特殊的地方，就是其销售业绩包含现金业绩和实耗业绩。而传统实体店（如超市）仅统计现金业绩。

现金业绩指美容院当日实收款项，如购买护理卡或产品等顾客当场支付的款项。

实耗业绩指顾客通过预付卡或已购买的套盒产品服务时核销的业绩。此类业绩仍属销售范畴，只不过归为实耗业绩部分。

例如，顾客支付1980元购买了10次肩颈调理项目，这1980元就叫现金业绩；这名顾客后续每次到店，就不用再付款，只需要从已购的10次肩颈调理项目里划扣198元就可以，这198元就叫实耗业绩。

同理，如果顾客充值1万元，这个金额叫现金业绩；后续用卡内余额购买了价值2380元的套盒，这2380元就叫实耗业绩。

所以，如果一个美容院当日没有现金收入，但提供服务了，仍产生实耗业绩而非零业绩。

实耗业绩与现金业绩需保持合理比例，实耗业绩占比以接近80%为佳。这个比例太高或太低都将影响经营。过高意味着顾客消耗快但新现金流不足；过低意味着消耗慢，直接影响持续的销售，因为一般情况下，顾客通常临近耗完才会复购。

（2）实操业绩与家居业绩。实操业绩与家居业绩属于实耗业绩的两大组成部分，实操业绩指需要美容师在店内完成的服务项目；家居业绩则来自顾客购买回家使用的产品，不需要美容院提供操作服务。

很显然，这二者也需要保持标准比例的。实操业绩与家居业绩的理想配比接近7：3。

理论上，美容院凭借高端顾客的信任，具备家居产品的销售优势。但事实是美容院整体上家居产品销售不好，大部分美容院家居产品的销量极低。所以，家居产品的销售额能占美容院全部业绩的30%就是比较理想的效果了。

常规数据指标

（1）进店率。所谓进店率就是顾客进店的频率、频次，一般按月计算。

$$美容院整体的顾客进店率 = 客流总人次 / 有效客总数$$

美容院顾客理想进店率为4次/月，因为基础护理需要每周一次。但是，目前整个美容行业的现状是进店率普遍不高，能达到2.5次/月就算比较健康的状态。

（2）项目连带率。顾名思义，就是美容院里顾客单次进店平均消费的项目数量。

$$项目连带率 = 服务的项目总数 / 客流人次总数$$

如果计算一个月的项目连带率，就把这个月所有服务项目数量除以本月所有客流人次；如果计算一周的，就把这一周的所有服务项目数量除以本周的所有客流人次，以此类推。

项目连带率越高，顾客实耗越快，消费周期越短，越有利于美容院销售；反之，如果美容院项目连带率较低，顾客实耗越慢，消费周期就会拉长，影响美容院顾客循环消费。直接决定项目连带率的因素是美容院人员的服务水平和沟通能力。

（3）项目单价。简而言之，项目单价是单次服务项目的平均价格。

$$项目单价 = 实操业绩总数 / 服务项目总数$$

如果计算一个月的项目单价，就用这个月的实操业绩总数除以本月所有的服务项目总数；如果计算一周的，就用这一周的实操业绩总数除以本周所有的服务项目总数，以此类推。

决定项目单价的因素除了美容院人员的服务水平与沟通能力外，还与定价体系有关。在某种程度上，定价体系是固定的。

（4）客单价。美容院客单价就是顾客单次消费的平均金额。

$$客单价 = 项目连带率 \times 项目单价$$

客单价的高低直接决定了美容院业绩的高低。如果一家美容院顾客很多，但业绩不高，那一定是客单价太低了。

人员薪资数据指标

美容院里主要员工是美容师，美容师的薪资构成形式是：底薪＋手工提成＋销售提成。在全国各地，对美容师这三大薪资构成部分都是认可的。但最关键的是需要认真把握好这三者的比例关系。如果把握不好，就会出现人员成本过高或留不住优秀员工的情况。

底薪∶手工提成∶销售提成=3∶4∶3

这是一个经行业实践验证的黄金比例。美容院本质上是一个服务场所，美容师是一个服务性职业，属于服务人员，服务是其本职工作。因此，美容师的手工提成，也就是服务项目提成占比应该最大。销售提成应该提升到与底薪相同的占比。只有在这样的机制激励下，才能培养出销售型美容师。

总体人员薪资在美容院营业额中占比多少合适呢？这也是一个需要精准把握的事项。占比过高，美容院难以盈利；占比过低，美容院难以留住优秀员工。

经过大量实践验证，薪资占营业额的20%～25%是合理区间。占比超过25%的美容院，基本上面临亏损；低于20%的美容院，基本上留不住优秀员工。

以上这些数据指标是美容院经营管理的基础，在日常的运营管理过程中大部分工作都是围绕如何达到这些指标而开展的。有了这些数据指标做支撑，美容院的基础业绩是完全可以推算出来的。

美容院年基础业绩=（有效顾客数 × 进店率 × 项目连带率 ×
项目单价 ×11个月）/0.6
=全年现金业绩

如果这个公式中的变量都是标准值，那么推算出来的业绩都是理想化的，与现实肯定是有差距的。在这个公式中，有效顾客数和进店率属于运营管理的宽度，项目连带率与项目单价属于运营管理的深度。之所以选择11个月，是预留1个月的缓冲期，提高公式的容错性。运营管理者的主要工作任务就是把握好宽度与深度的平衡，宽度有问题，就在宽度的层面加强拓展力度；深度有问题，就在深度的层面多下功夫。

03

目标管理：让每一份收入都知道从哪儿来

—— SECTION

没有目标的努力叫忙碌，有目标的努力叫奋斗；没有目标的人生叫流浪，有目标的人生叫航行。

一个人是如此，一家美容院也是如此。

但是，目标是需要管理的。目标既需要横向的细分，比如按业务模块分类；又需要纵向的细分，比如细分为阶段性目标或按组织结构逐级细分目标。同时，目标也是动态的，需要根据市场变化不断调整与修正。从目标确定到目标细分，再到目标调整、修正的过程，我们统称为目标管理。

■ 美容院的目标横向细分：五大目标、六大指标

根据美容院实际运营管理中的经验，一般将美容院的目标细分为11种，分别是：现金业绩、实操业绩、服务人头、服务人次、新客人数、有效顾客、进店率、项目连带率、项目单价、客单价、实耗现金比。

为了便于区分和实际运用，我们将这11种目标整体分为两大类，前五种是一类，属于正常的目标，后六种是一类，是用于绩效考核的指标，总称为"五大目标、六大指标"（见表5-1、表5-2）。其中，服务人头是指实际服务的顾客数量；另外有没有新顾客进入显得尤为重要，所以单独把新客人数也作为一个目标。

表5-1　美容院五大目标

	现金业绩（元）	实操业绩（元）	服务人头（人）	服务人次（人）	新客人数（人）
目标					
达成					
达成率（%）					

表5-2　美容院六大指标

	有效顾客（人）	进店率（%）	项目连带率（%）	项目单价（元）	客单价（元）	实耗现金比
指标						
达成						
达成率（%）						

以上表格可以根据管理需求选择周度填写、月度填写或季度填写。表中的"达成"是指实际达成的结果，"达成率"是实际达成结果/目标（指标），便于管理人员找到差距，找到进步的点和提升空间。

■ 美容院的目标纵向细分

在实际运营管理中，美容院年度目标仅设定现金业绩目标，并每月细分、记录，如表5-3所示。

表5-3中的"年度累差"是全年累计目标减去全年累计达成后的数据。填写这一项有利于提醒美容院本月距离年度目标还有多少差距。在实际运用过程中，可能有的美容院没有在年初制定目标，不论从哪个月开始设定年度目标计划，都要把之前几个月的实际达成填写上去，再将总的目标减去已经达成的，即尚未达成的业绩目标细分到后面几个月中。

■ 美容院总体目标细分到人

美容院的总体目标在每个月都要细分到每一名员工，做到人人头上有目标（见表5-4）。

在这个表格中，需按员工人数分配目标值，指标项目也可以根据情况适当进行调整，比如有的美容院把新客人数、客单价、项目连带率、进店率等有选择地分解到各美容师的月目标当中。

■ 美容院顾客目标细分

每个月的业绩到底从哪里来？美容院不仅要将目标细分到每一个员工身上，还要精确定位到每一名顾客身上，基于顾客消费画像进行规划和细分（见表5-5）。

在这个顾客目标细分表当中，需要明确记录每位顾客的具体信息，包括销售目标、实操目标、进店目标及专属负责人等。所有数据必须完整准确、清晰可查。

■ 目标计划的调整与完善

制定计划和确定目标是一门科学，需要理性思维支撑，不能凭主观臆断随意决定，更不可能一蹴而就。即使是系统学习过专业运营管理课程的人员，在实际操作中也未必做得很完善，必须经过实践的验证，根据实际反馈进行优化、调整，逐步完善。在实际运营管理当中，当美容院发现实际与目标存在明显偏差的情况时，就必须及时调整目标。那么，什么是与目标出现偏差较大的情况呢？主要有以下两种表现。

第一种情况是团队远早于计划时间完成了目标。譬如，美容院引进的新产品，月销售目标为30套，结果不到半个月就完成了。这就说明，目标挑战性不足，要马上提高标准。

表5-3 美容院年度细分目标

现金业绩（元）	1月	2月	3月	4月	5月	6月	7月	8月	9月	10月	11月	12月	合计
目标													
达成													
年度累差													

表5-4 美容院员工个人细分目标

姓名	服务人头（人）		服务人次（人）		实操业绩（元）		现金业绩（元）		计划收入（元）	实际收入（元）
	目标	达成	目标	达成	目标	达成	目标	达成		
总计										

表5-5 美容院顾客目标细分表

顾客姓名	销售目标（品项）	实操目标（元）	进店目标（元）	销售达成（元）	实操达成（元）	进店达成（元）	负责人

第二种情况是计划的时间过了一半，但整个团队目标达成率不足30%。这也属于目标与实际偏差较大。这个时候需要对已完成的目标进行调研，如果是在团队很努力的情况下出现的结果，那就意味着目标的可行性存在问题，也要马上调整。

■ 美容院目标管理的五大特点

可行性

制定目标不能仅凭主观想象，必须依据客观参照标准。对于美容院来说，这个标准通常是历史数据。例如，要制定2024年的目标，参照标准就是2021年、2022年、2023年的业绩表现。举个例子，若某美容院2021年、2022年、2023年这三年的业绩都在200万～300万元，却将2024年目标设定在500万元以上，明显脱离实际；若是新开的美容院，没有往年的历史数据做参照，则可以参照当地同行、同等规模及定位相近的美容院的业绩数据。

明确性

目标明确体现在可量化，需要以具体数据呈现，避免使用"翻一番""倍增"等笼统的或纯描述性表述。月度、季度及年度业绩目标均需设定具体数值，不需要使用描述性语言。

挑战性

既然是目标，就应具备挑战性，通常需超过历史数据或当前水平的10%～30%。若目标缺乏挑战性，则失去指导价值。例如，某美容院年业绩稳定在150万元，如果将下一年目标设定为150万元或略高，便难以推动团队突破。只有达成有挑战性的目标，才会有突破和创新。

激励性

激励性与挑战性是相辅相成。团队要达成高挑战性目标，必须有与之相对应的额外奖励机制。美容院可以根据实际情况灵活设定激励项目，可以设定超额完成的奖励、达成目标的奖励，也可以按照目标达成率进行奖励。比如，美容院设定目标为300万元，目标达成85%以上就有额外奖励，也就是说完成255万元以上就可以拿到奖励。

负责人

每个目标都有对应的负责人，必须明确"谁对这个目标负责"。一个没有责任人的目标，等同于无人执行。对达成目标的责任人应予奖励，未达成则需要承担相应的责任。

04

行动计划：让执行力转化为行动力

— SECTION

　　行动计划的科学程度直接影响团队执行效率。再好的策略、方案与方法，最终都是要通过具体的行动计划来落实。因此，制订优质行动计划是保障执行力的核心环节。需要明确的是，行动计划必须聚焦于具体事项与工作任务。以美容院为例，无论是大型促销活动还是新产品的推广，完整方案均要依赖多个层级的行动计划协同推进。

　　在西方的管理学中，行动计划又被称为OGSM，由Objective（目的）、Goal（目标）、Strategy（策略）、Measurement（评估）的英文首字母组成。OGSM兼具计划管理与执行管控双重功能：既能帮助组织聚焦核心目的、关键目标及核心策略，又能通过标准化评估手段确保战略落地。

　　结合美容行业现状，笔者认为将OGSM工具优化调整后可应用于美容院的运营管理，具体通过以下表格呈现（见表5-6）。

表5-6 ＿＿＿＿＿＿行动计划表

工作流程	完成事项	完成标准	完成时间	责任人	检查人	未完成承诺
1						
2						
3						
4						

续表

工作流程	完成事项	完成标准	完成时间	责任人	检查人	未完成承诺
5						
6						
7						
8						
9						
10						

在行动计划表中，首先需要填写的是计划名称，也就是在"行动计划表"前面的下划线上填写行动目标，如销售100盒面膜、拓客30人、邀约50名顾客参加讲座等。注意！需要使用体现结果的关键词。

"完成事项"需列出达成目标过程中的所有步骤。

"完成标准"需定义每一个步骤的验收要求。这是一个关键指标，直接决定执行力的质量。所以，完成标准要清晰明确、全面覆盖、正确可行。

举例说明：假设销售100盒面膜的第一步是全员熟练掌握面膜的产品知识。那么，"完成标准"是什么，应如何界定"熟练掌握"？

是完整无误背下来？还是完整无误默写下来？还是笔试85分以上？这是由管理者根据实际情况来设定的。

"完成时间"要精确到哪天的几点几分。

"责任人"可以是单人，也可以是多人。如果是多个人，要有分级，明确标注第一责任人、第二责任人等，视具体情况而定。

"检查人"必须明确标注首次检查时间，禁止在截止时间才首次检查，需设置至少一次中期检查节点，以避免失去补救的机会，也无法起到督促的作用。

"未完成承诺"就是如果没有完成，承诺接受什么样的处罚，还是提倡非金钱方面的惩罚措施，如义务劳动、额外学习等。

05

会议管理：让管理效果最大化

在企业管理界中有一句名言："好管理就是开好会。"在某种程度上，这句话是很有道理的。

虽说"好管理就是开好会"，但并不意味着"开会就是管理，管理就是开会"。否则，开会对员工来说就成了"灾难"。只有高效、有质量、有目的性、有针对性、可以解决问题的会议才是管理。所以，会议是需要管理的。

在美容行业，美容院需要开好五个会：晨会、夕会、月度启动大会、月中进度会和管理会。

晨会

（1）目的与内容：鼓舞团队士气；安排一天的主要工作。

（2）原则：只鼓励、不批评。

（3）参加人员：全体

（4）主要流程：问好；军团文化（报数、四面转法、军体拳）；团队风采展示（充满活力与力量的歌舞）；早宣言；今日重点工作安排。

（5）早宣言模板。主要内容如下。

××军团××（姓名）××月××日早宣言：本月销售目标××万元，累计完成××万元；本月消耗目标××万元，累计完成××万元；本月新客目标××人，累计完成××人。

今日目标：销售目标××万元；消耗目标××万元；服务人次××人次；新客开发××人。

创造奇迹，冲冲冲！实现梦想，干干干！

夕会

（1）目的：总结成功经验，发现问题或不足，及时优化调整。

（2）原则：实事求是，集思广益。

（3）参加人员：全体

（4）主要流程：问好；晚检视汇报；成功经验分享；针对问题进行探讨；兑现未完成承诺。

（5）晚检视汇报模板。主要内容如下。

××军团×××（姓名）××月××日晚检视：本月销售目标××万元，累计完成××万元；本月消耗目标××万元，累计完成××万元；本月新客目标××人，累计完成××人。

今日目标：销售目标××万元，实际达成××万元；消耗目标××万元，实际达成××万元；服务人次××人次，实际达成××人次；新客开发××人，实际达成××人。

创造奇迹，冲冲冲！实现梦想，干干干！

月度启动大会

也称为月度员工大会，需要全体员工参与。既是对过去一个月的总结，又是对新的一个月的启动。月度启动大会主要包含以下内容板块。

（1）风采展示：每个军团都要进行风采展示，并且有评委会对其展示打分，最终评出最高分，进行颁奖。

（2）工作报告：每个军团派出一名代表汇报上月成果。

（3）颁奖环节：对过去一个月在各方面表现突出的员工进行表彰。

（4）欢迎新员工：为一个月内新入职的员工举行欢迎仪式。

（5）竞争情况总结：公布一个月内各团队的成绩和最终胜出的冠军团队，并颁奖表彰。

（6）启动新一轮竞争：启动新的一个月的竞争，公布竞争内容和规则，签订军令状。

（7）员工庆生：为本月过生日的员工送上生日祝福。

月中进度会

月中进度会是在每月中旬针对本月目标的达成情况进行检查，分析原因并制订改进方案，确保目标按期达成的会。因为如果到了月中没有达到既定目标，还有一半的时间可以调整、补救。月中进度会内容以表格的形式来记录，如表5-7所示。

表5-7　目标完成情况（月中进度表）

类别	目标	达成	达成率	主要问题或成功之道	解决方案1	解决方案2	预估问题	应对方案

月中进度会实操要点如下：开会之前先将目标完成情况（月中进度表）填写完整；

"类别"就是目标的名字，如现金业绩、拓客、实操业绩等；"目标"一栏直接填写数据；"达成"一栏填写实际达成的结果。

如果没有达到预定目标，需要明确根本原因；如果达到了预定目标，则应提炼成功经验。

针对出现的问题，至少制定两套解决方案，分别填在"解决方案1"和"解决方案2"中。

预估下半个月潜在问题，并提前拟订应对方案。

管理会

管理会是专门针对中层以上管理者召开的会议，主要内容是讨论确定全店的各项计划、方案与决策；参会者主要是美容顾问、店长、总监和美容院老板。

需要做好会前、会中、会后三个阶段的工作。

（1）会前。首先是会议通知。明确会议主题、参会人员、时间、地点及具体要求。会议通知可以群发，也可以一对一发送，必要时打电话通知。

其次就是涉及会议内容的物料准备如投影仪、白板、资料、PPT等。

（2）会中。宣布会议主持人、会议纪律；专人做好会议记录。

（3）会后。整理会议纪要；将会上确定的决策，形成书面通知。

李东老师答网友问

很多美容行业从业者和关注美容行业的朋友，通过留言或私信咨询李东老师有关美容行业的发展问题，现将有代表性的问题和回答整理如下。

一、疫情防控三年对美容院的影响到底有多大？

答：美容院作为实体服务业，受冲击显著。据不完全统计，2020年至2022年，部分美容院歇业的时间累加起来有1年左右，大部分地方的门店歇业时间平均在8~10个月。门店关闭、暂缓开店、经营收缩等衍生影响也已经成为常态性现象。另外，更重要的影响是顾客的美容消费习惯也在悄悄发生着变化，如进店率下降、消费趋于理性、大额消费减少、线上消费的依赖性得到更进一步加强等。由于绝大部分美容院短时间内难以适应这些变化，所以产生了巨大的危机。

二、以目前情况看，美容行业发展前景怎么样？

答：国家统计局最新公布的消费品零售数据显示，2023年全年，中国美妆产品零售总额已达4142亿元，同比增长5.1%；在电商领域，美妆稳居电商销售前三品类。据美团平台提供的数据显示，美容院为开店率最高的业态之一。另外，目前美容院顾客的年龄段也在从两头延长：其一是年轻化延长，传统主力客群大多是25岁以上的女性，因为从女性生理规律角度来说，一般在25岁以后开始衰老。但目前的状况是，大学生群体消费兴起，除了购买护肤品，还有美甲、美睫、整形、纹绣等需求，拔罐、刮痧、艾灸等中医调理需求也开始增多；其二是老年美容延长，原来的美容院顾客基本在50~55岁以后已流失了，而现在年长的女性也在保持美丽和优雅，她们的需求主要集中在抗衰、身体调理和身材管理等方面。所以，按照这样的增长趋势，美容行业仍然是处在增长期，潜力巨大。

三、今后美容院经营将会是怎样的发展趋势？

答：我国经济正在从高速发展转为高质量发展。提供更高品质的产品和服务是大势所趋。美容院也是一样，只有围绕高质量发展去经营才是正道。具体表现为提供高品质的产品和服务，合理定价。在运营策略方面，对外要使用系统化营销策略；对内要进行精细化管理，不断精益求精。

四、现在外行进入美容行业还有机会吗？

答：只要其符合行业发展趋势和市场需求，任何时候进入都不晚。从行业长远发展来说，只有源源不断注入新鲜血液，行业才有更大的活力。从另外一个角度来看，疫情防控的三年也是美容行业优胜劣汰的一个过程，很多实力不强、经营不规范的企业和机构，都已经被淘汰了。同时，也意味着将有大量的新生力量进入。

五、对于外行来说，相对其他行业，美容行业有什么特殊的方面？

答：美容行业，确实存在着特殊的方面，因为其特殊性，导致很多在其他行业经营很成功的企业进到美容行业后却遭遇"滑铁卢"。美容行业的核心是服务，而且是消费者高黏性服务。这个服务不是简单的买卖，而是包含了一定的客情关系、特色文化、心理满足等。很多外行因为忽视了这些，导致运营失败。美容院本质上是一个服务场所，但这个服务不局限于物质层面，顾客最初进美容院消费可能是因为身体的需要，后期更多的是精神需求，如缓解压力、心理倾诉、尊重满足等。